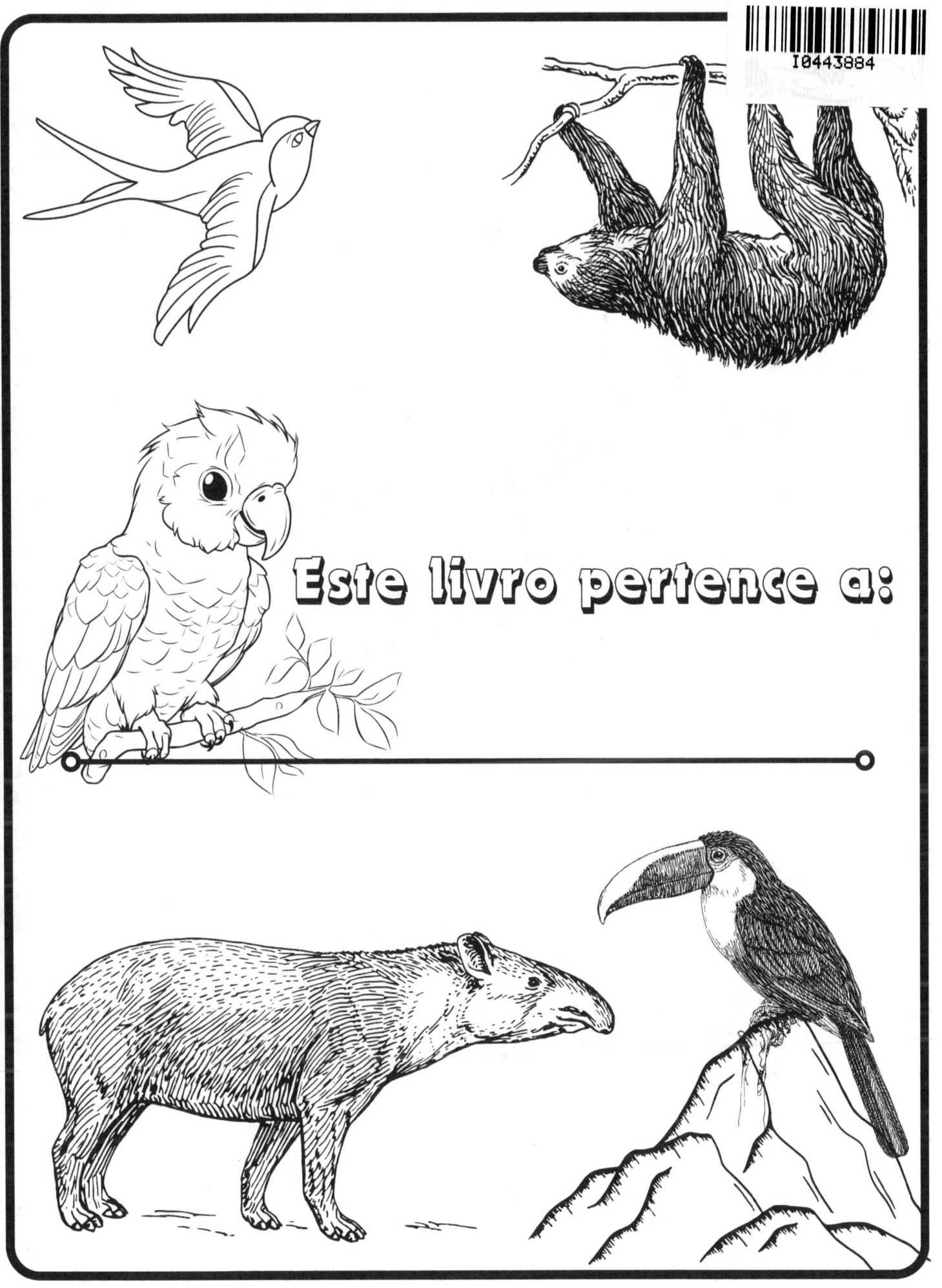

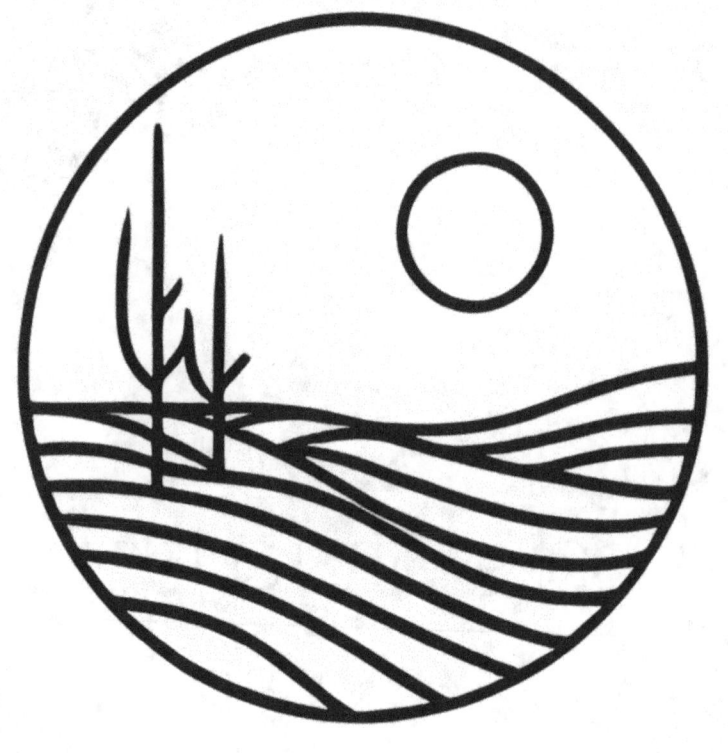

EiNNOR DERSONAN

ED

TODOS DIREITOS RESERVADOS 2024

Nenhuma parte desta publicação pode ser reproduzida, distribuída ou transmitida de qualquer forma ou por qualquer meio, incluindo fotocópia, gravação ou outros métodos eletrônicos ou mecânicos, sem a permissão prévia por escrito do editor, exceto breves citações incorporadas em resenhas críticas. e outros usos não comerciais específicos. Qualquer réplica não autorizada desta obra é proibida.

EiNNOR DERSONAN

ED

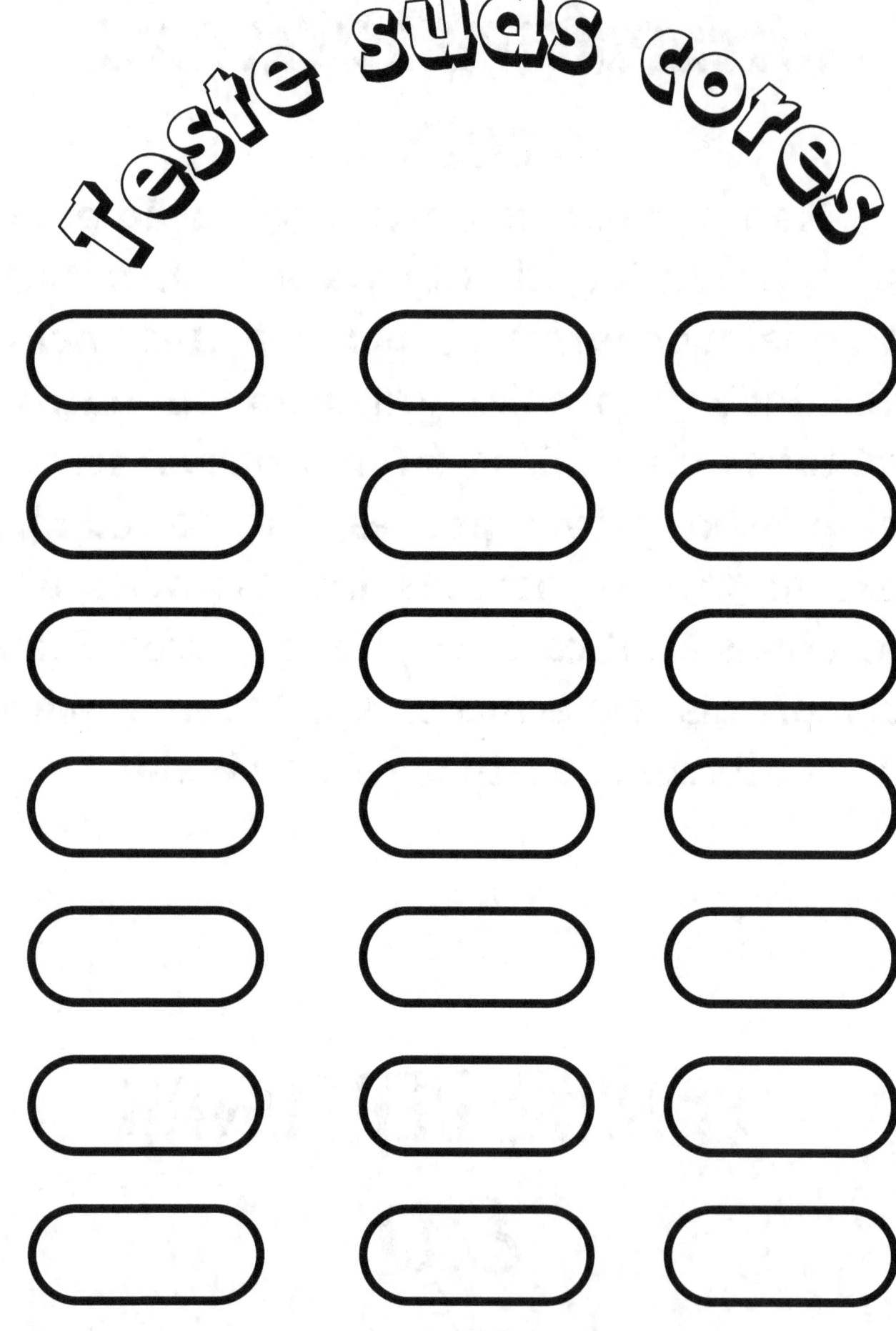

Pará

O estado do Pará, no Brasil, assemelha-se a um desfile de moda animal, no qual a fauna exibe uma variedade impressionante. Onças-pintadas, botos-cor-de-rosa e tamanduás-bandeira são apenas alguns dos protagonistas desse espetáculo. Além disso, araras e tucanos desfilam nos céus, enquanto jacarés e tartarugas fazem sua passagem pelas águas e florestas. Essa reunião de celebridades selvagens ressalta a importância da conservação, que será o tema central durante a iminente COP30 no Pará.

ARIRANHA

PTERONURA BRASILIENSI

Uma espécie de lontra encontrada em rios e lagos, reconhecida por sua pelagem marrom-escura

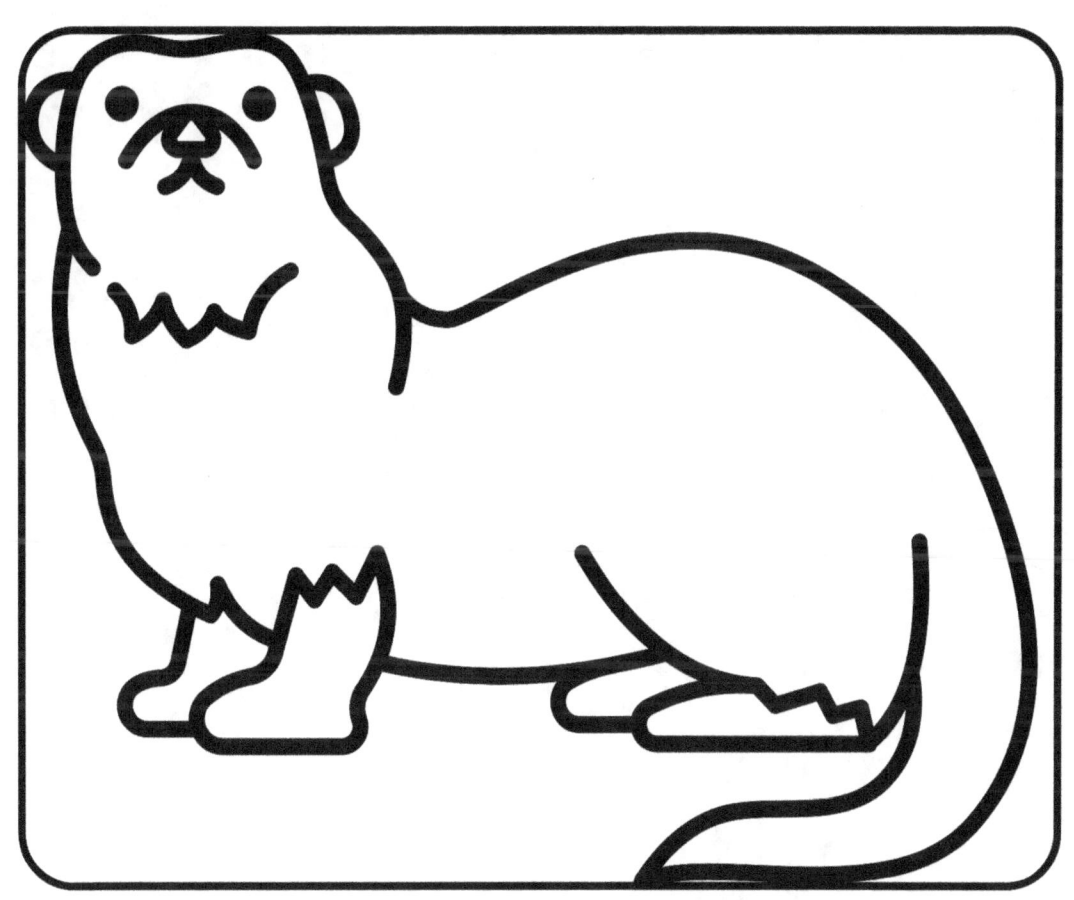

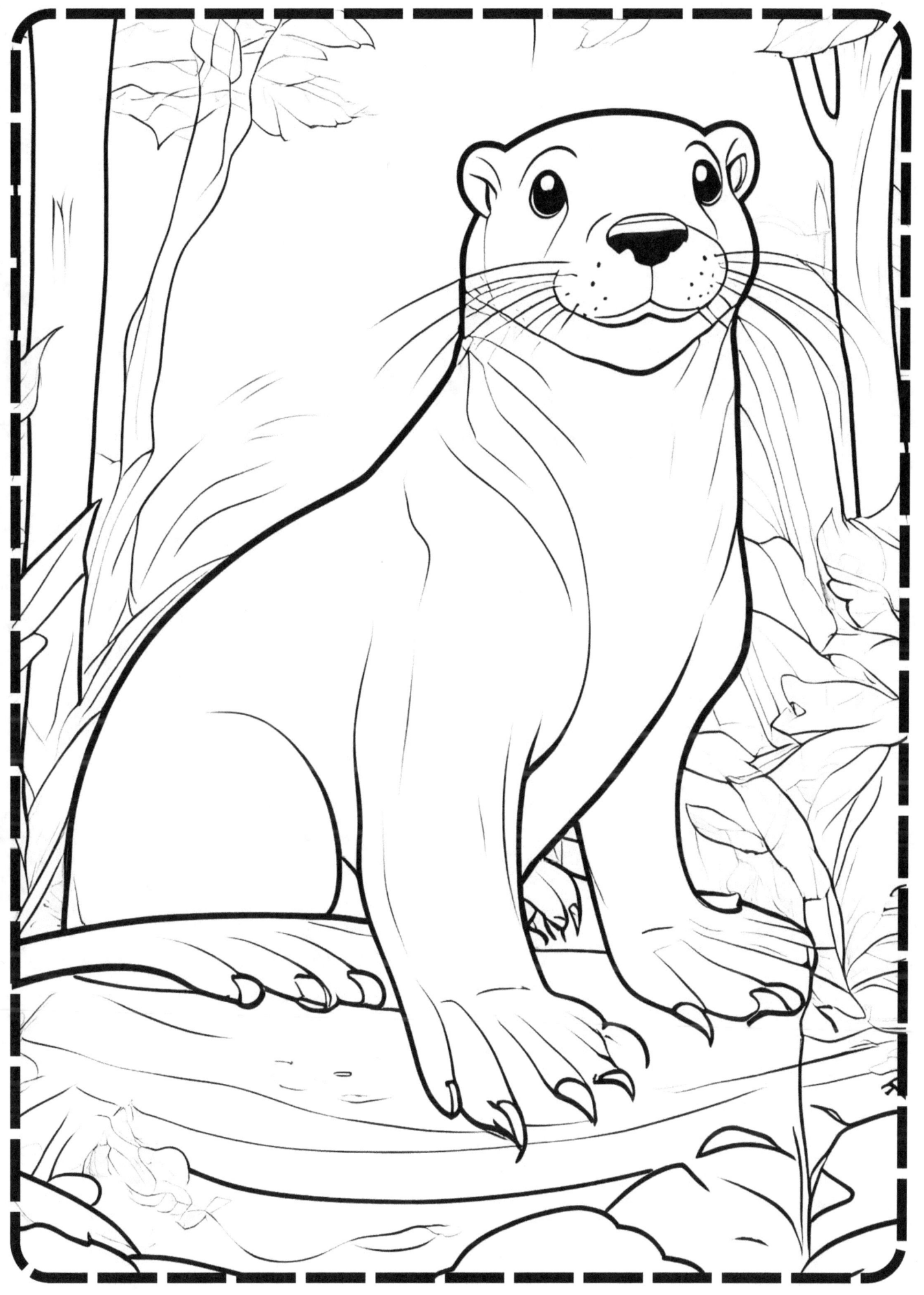

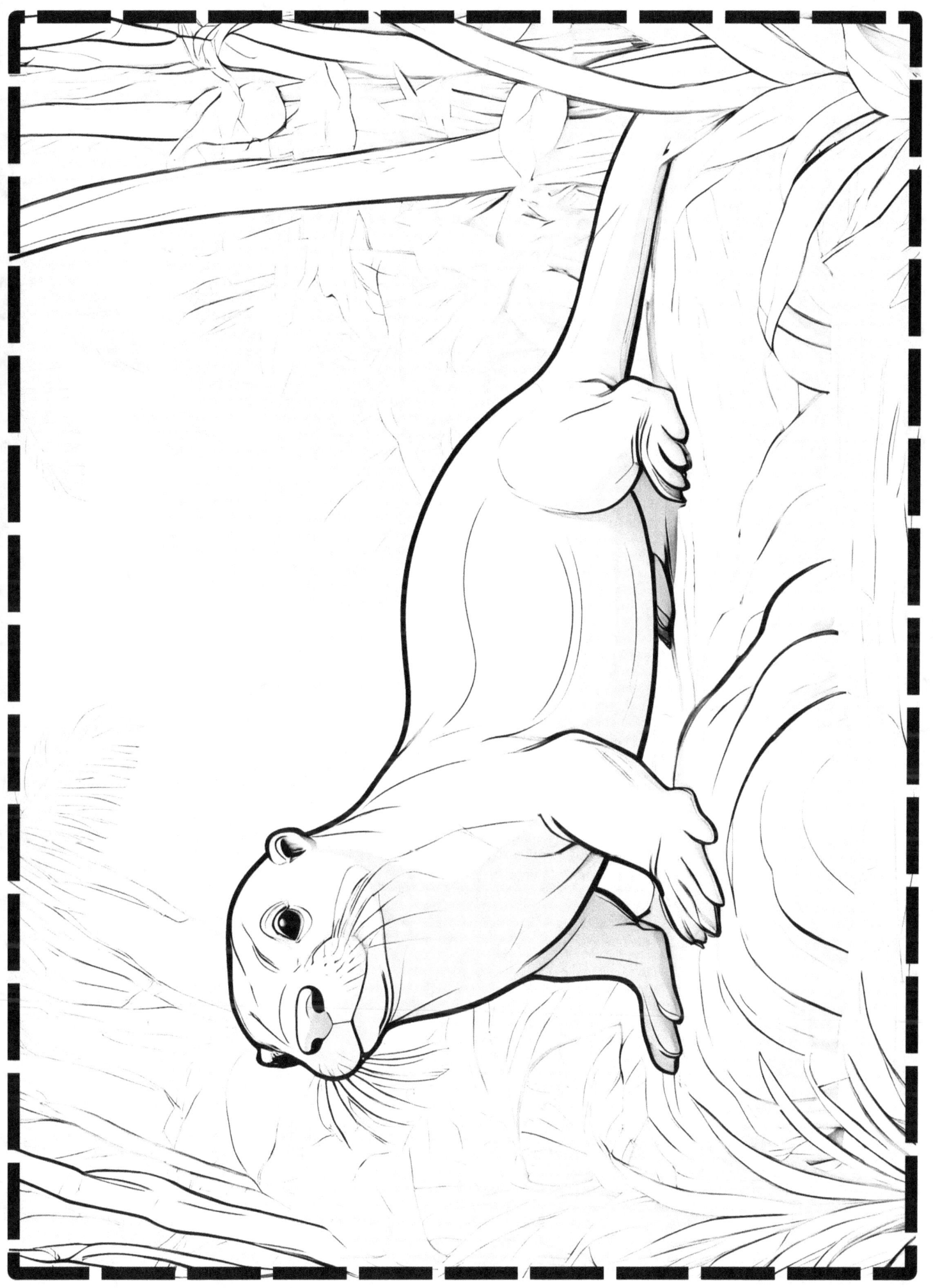

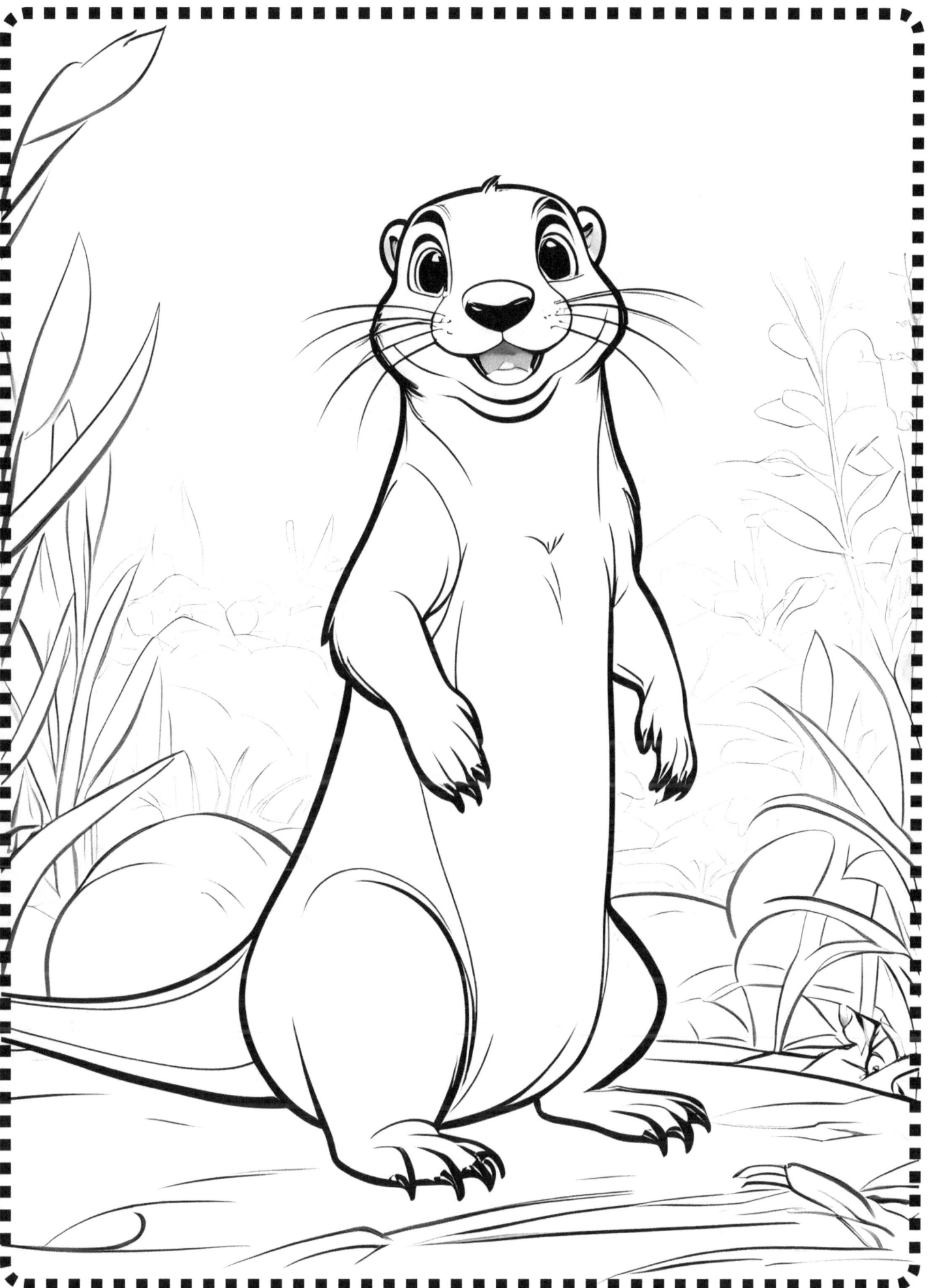

Onça-pintada

PANTHERA ONCA

O maior felino das Américas, conhecido por sua pelagem amarela com manchas pretas e habilidades de caça formidáveis.

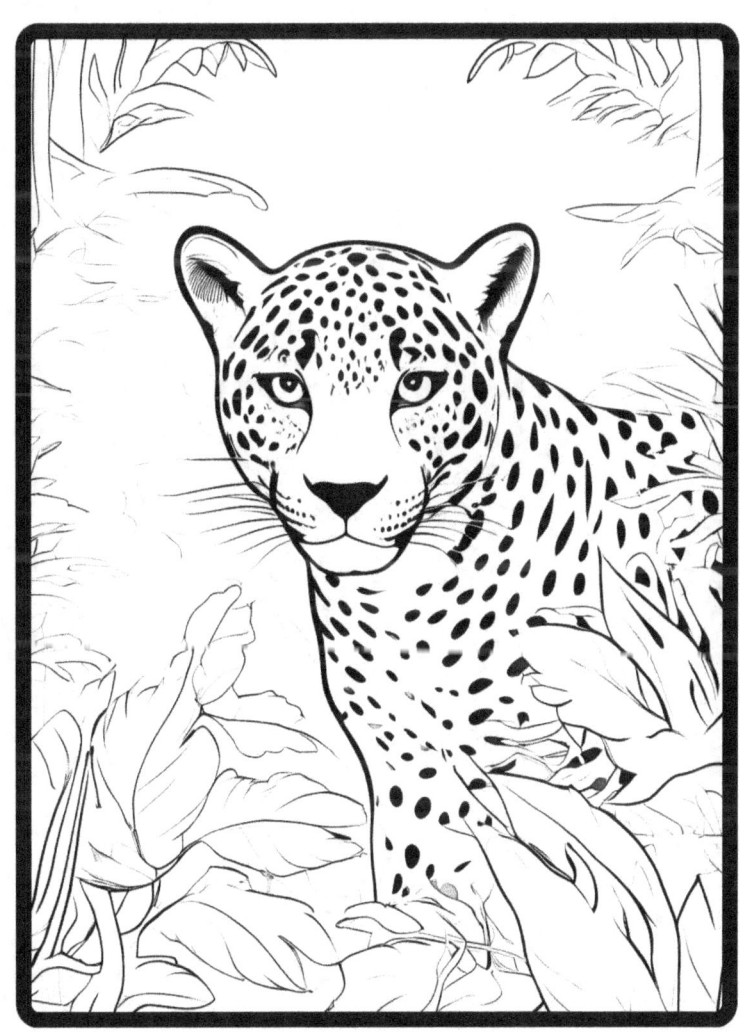

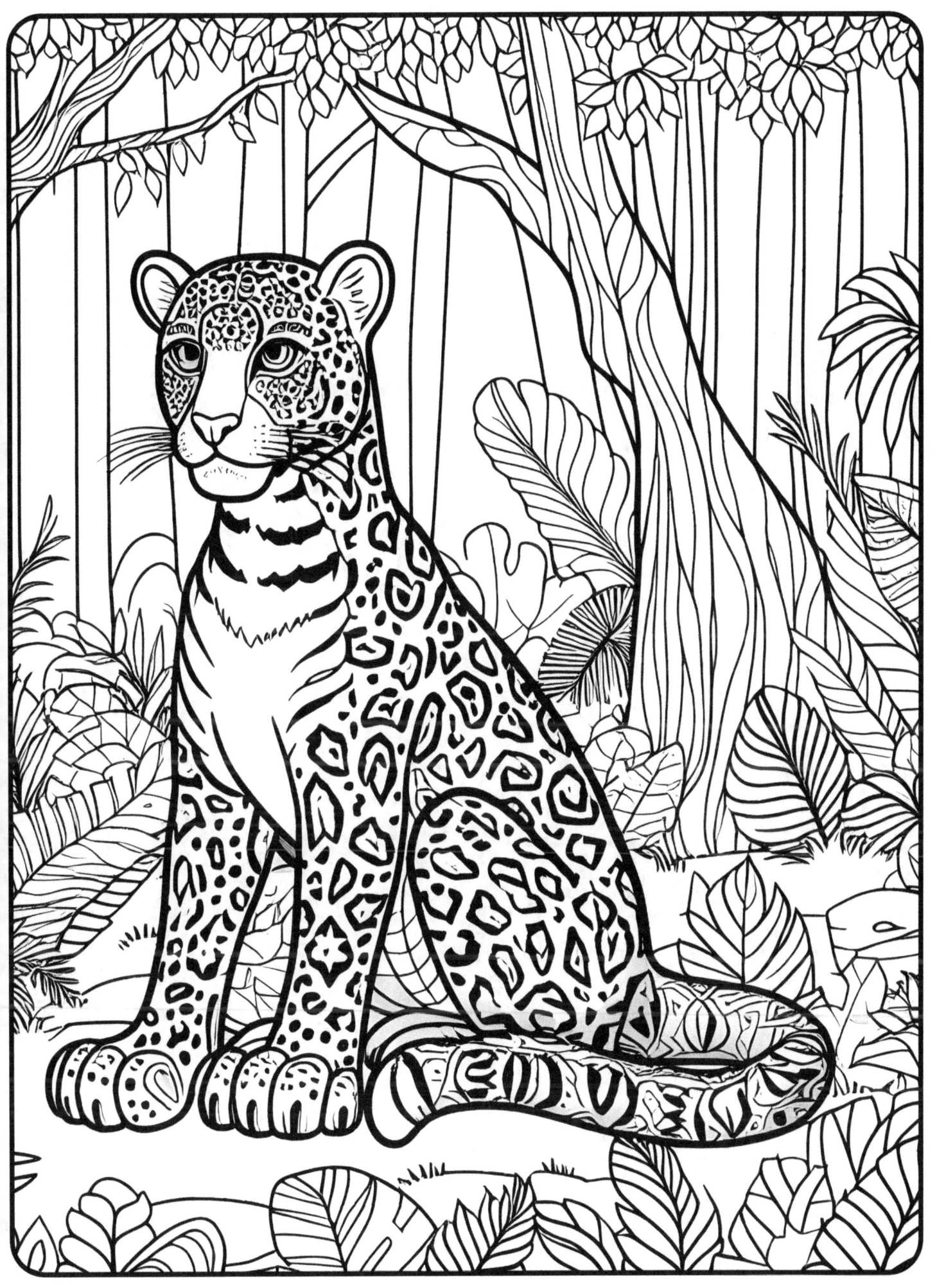

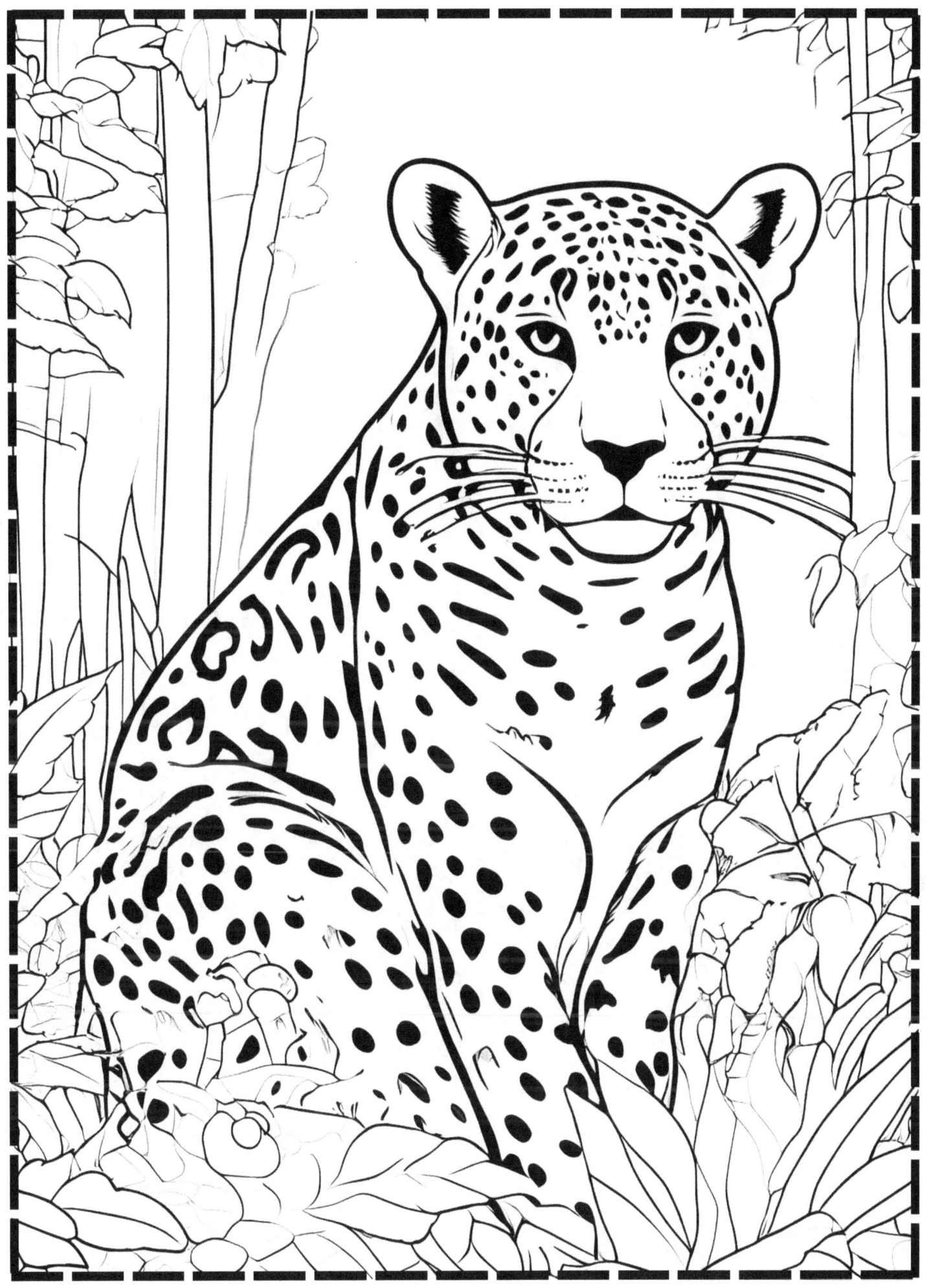

Tucuxi

SOTALIA FLUVIATILIS

Um pequeno golfinho de água doce, comumente encontrado nos rios da região amazônica, caracterizado por sua coloração cinza-azulada e rostro curto.

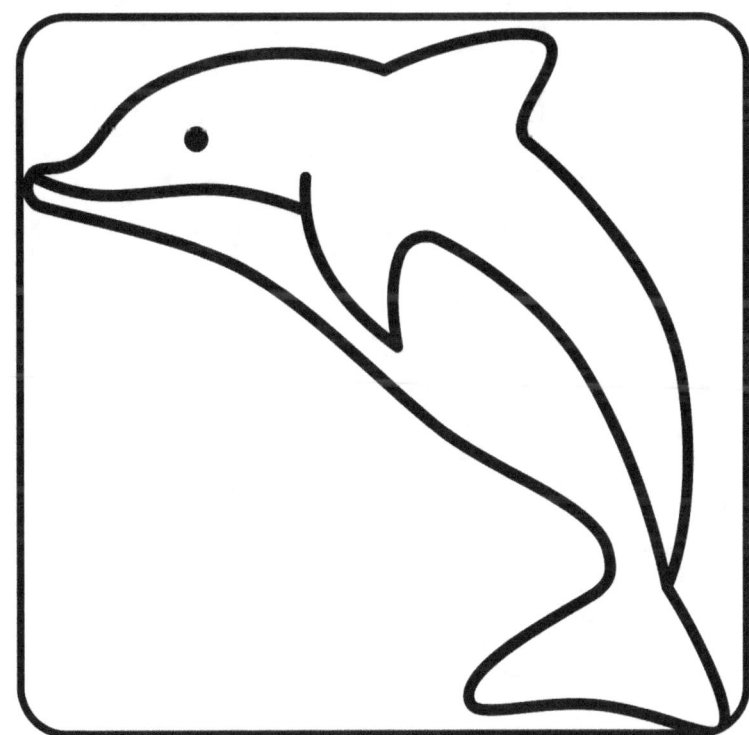

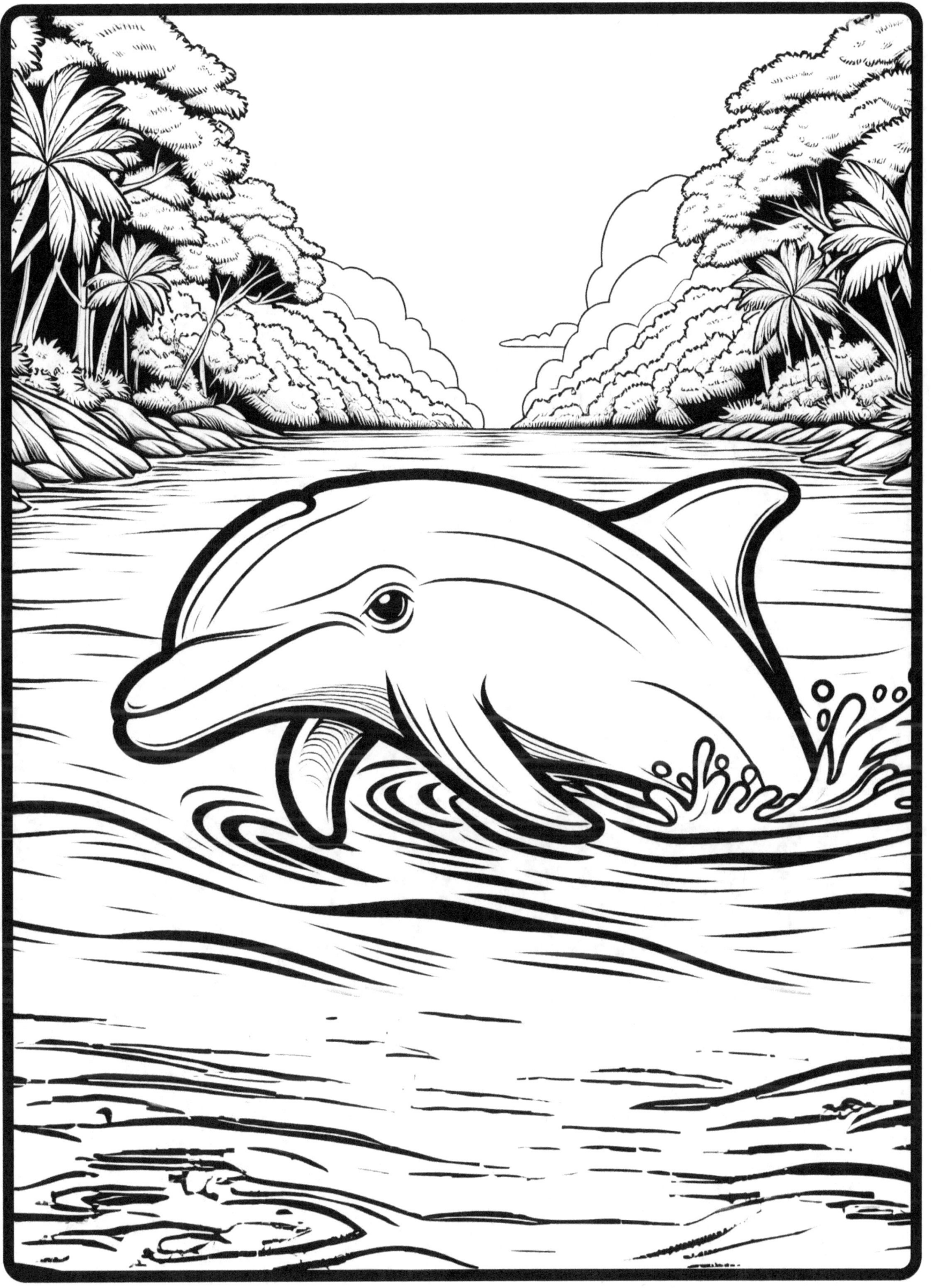

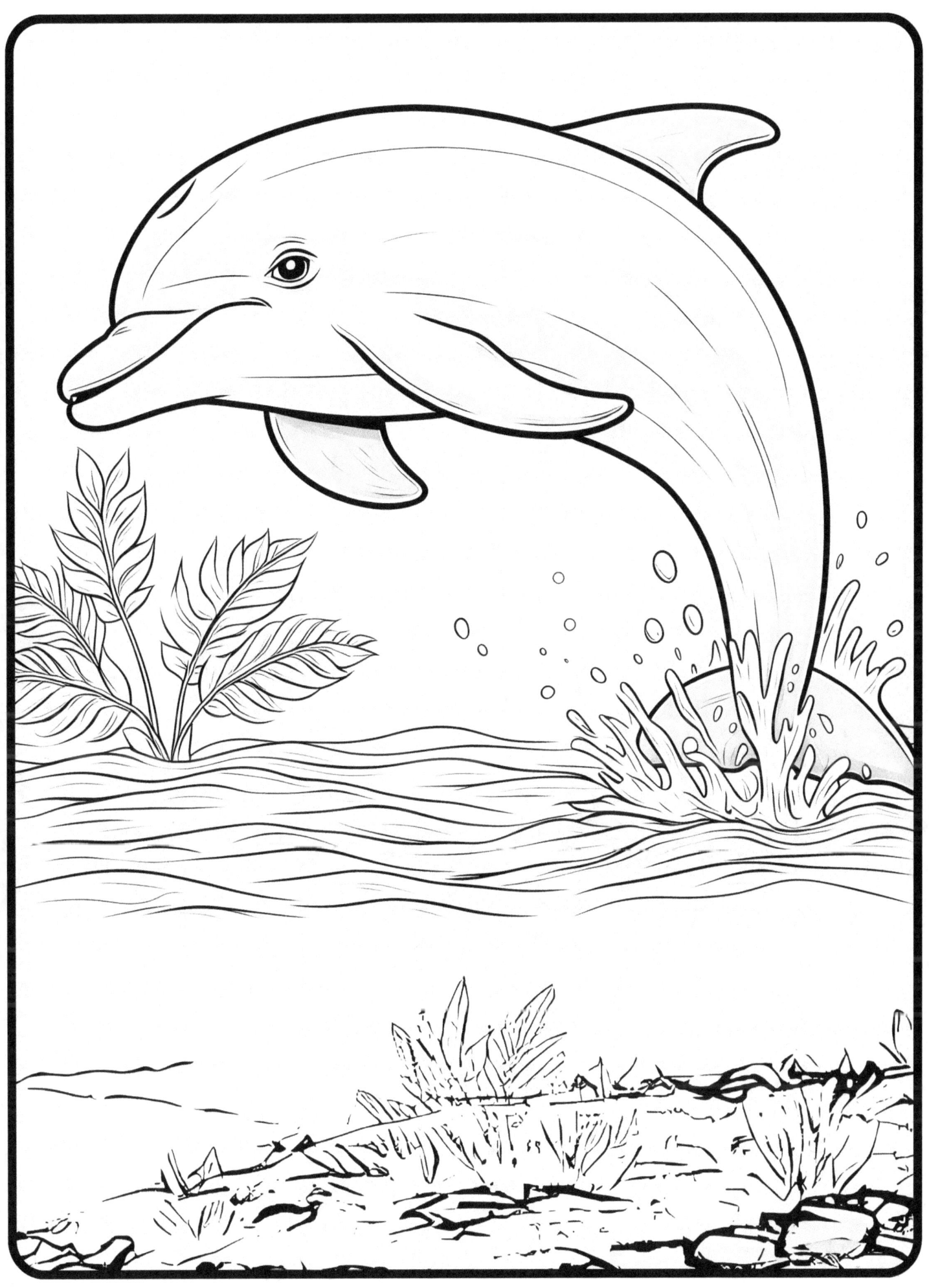

Tartaruga-da-amazônia

PODOCNEMIS EXPANSA

Uma espécie de tartaruga de água doce, com um casco largo e achatado, encontrada principalmente em rios e lagos da Amazônia.

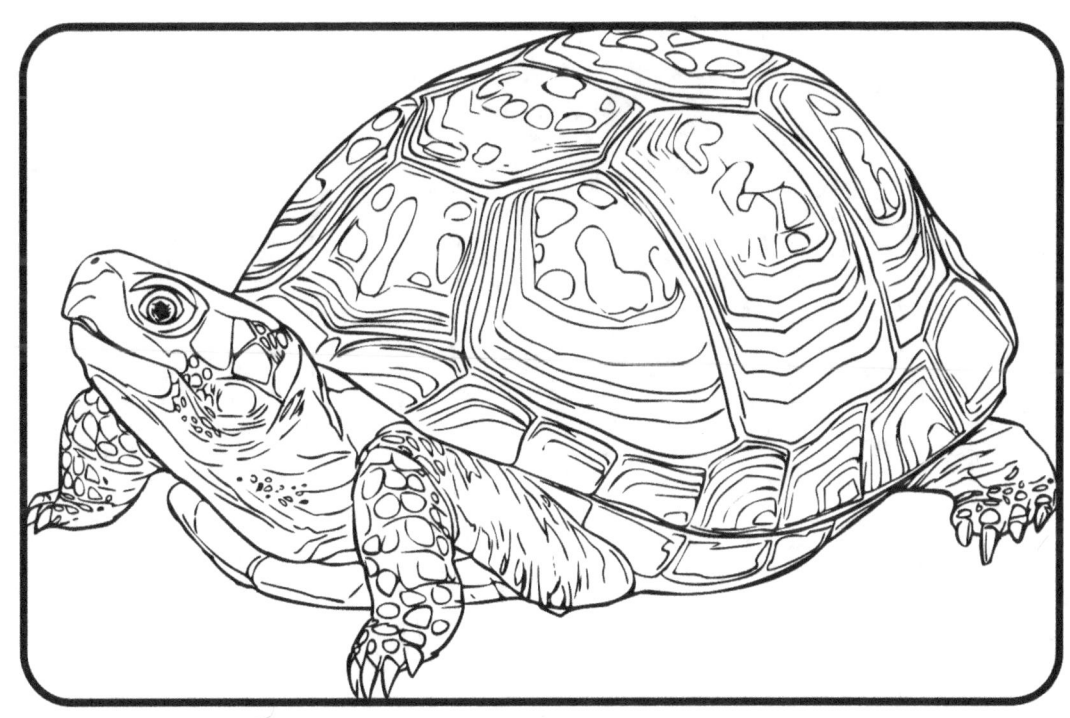

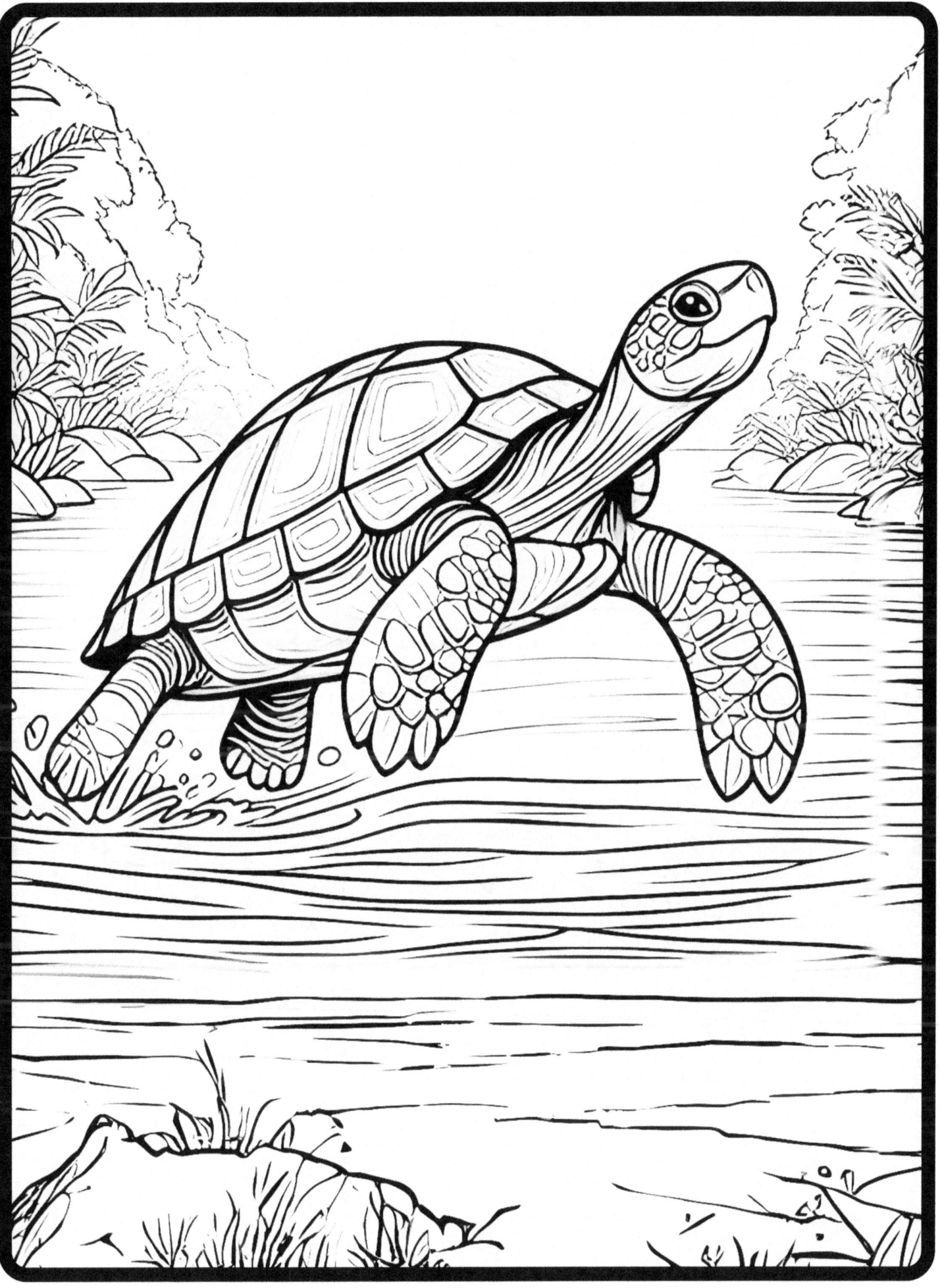

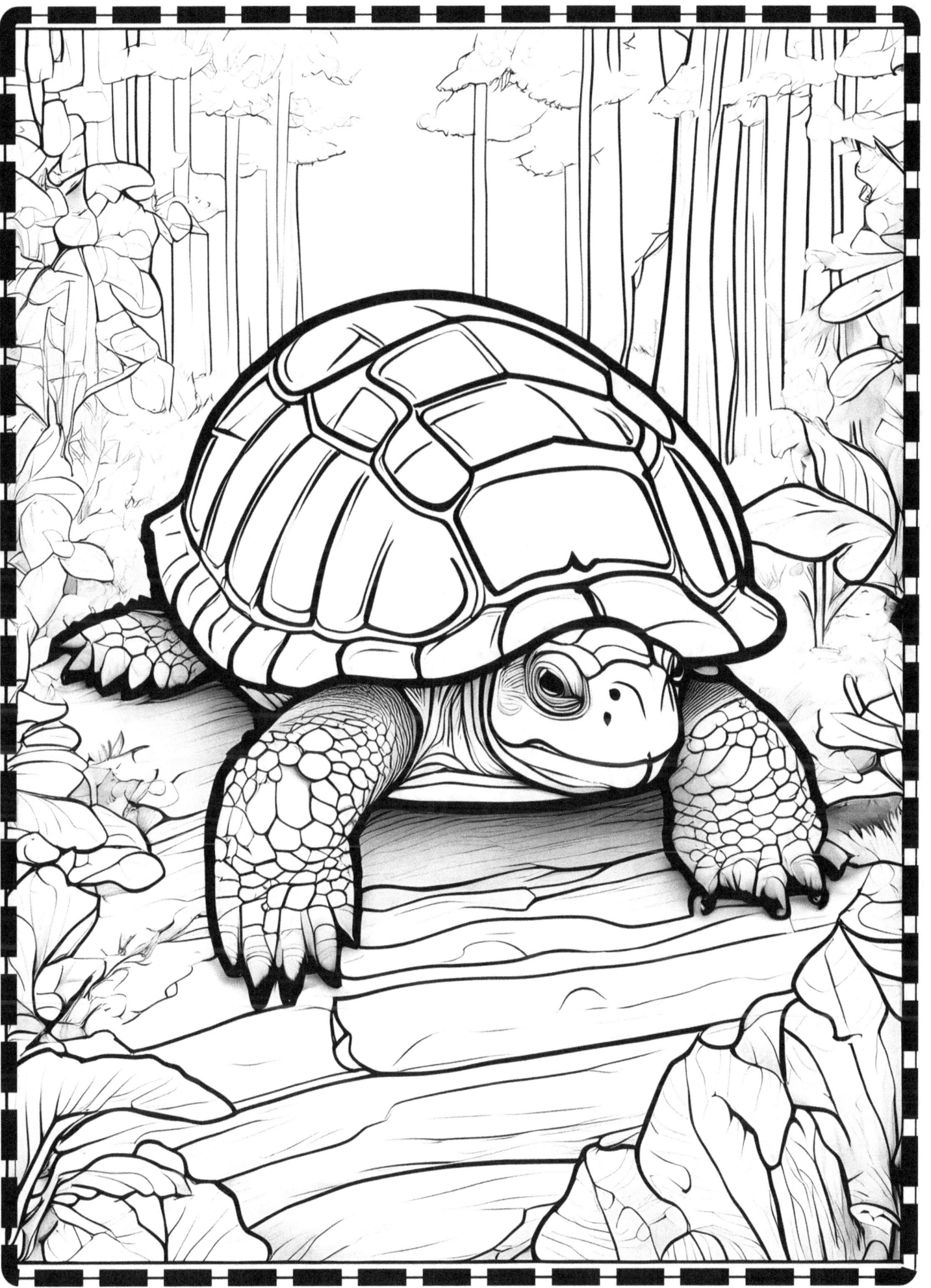

Jacaré-açu

MELANOSUCHUS NIGER

Uma das maiores espécies de jacaré do mundo, habitante dos rios e pântanos da Amazônia, conhecido por sua aparência intimidadora e poderosa mandíbula.

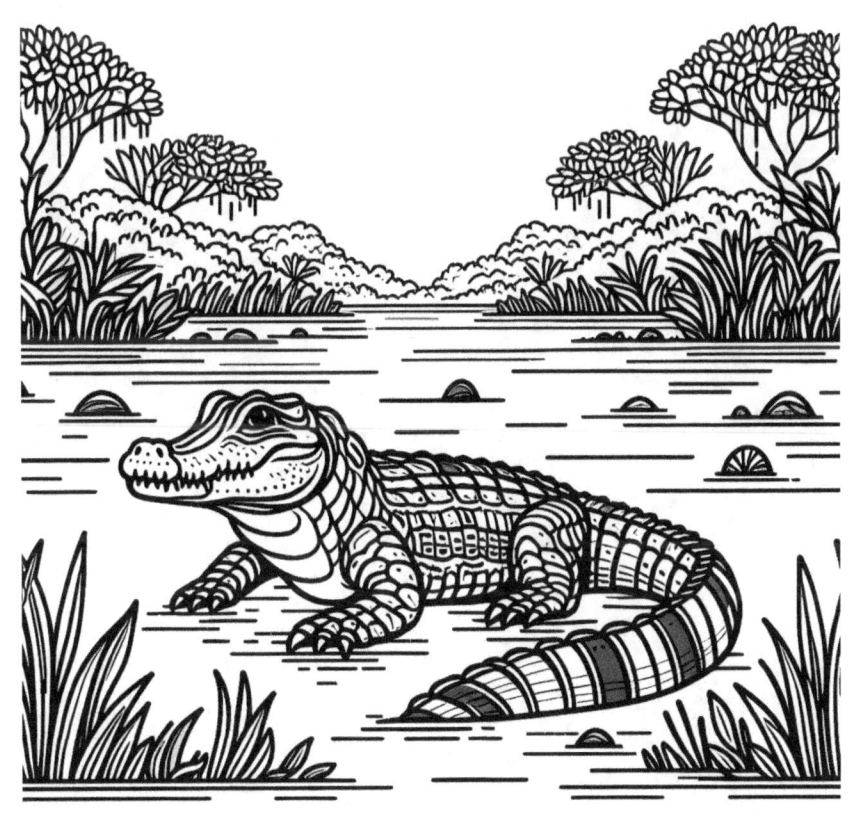

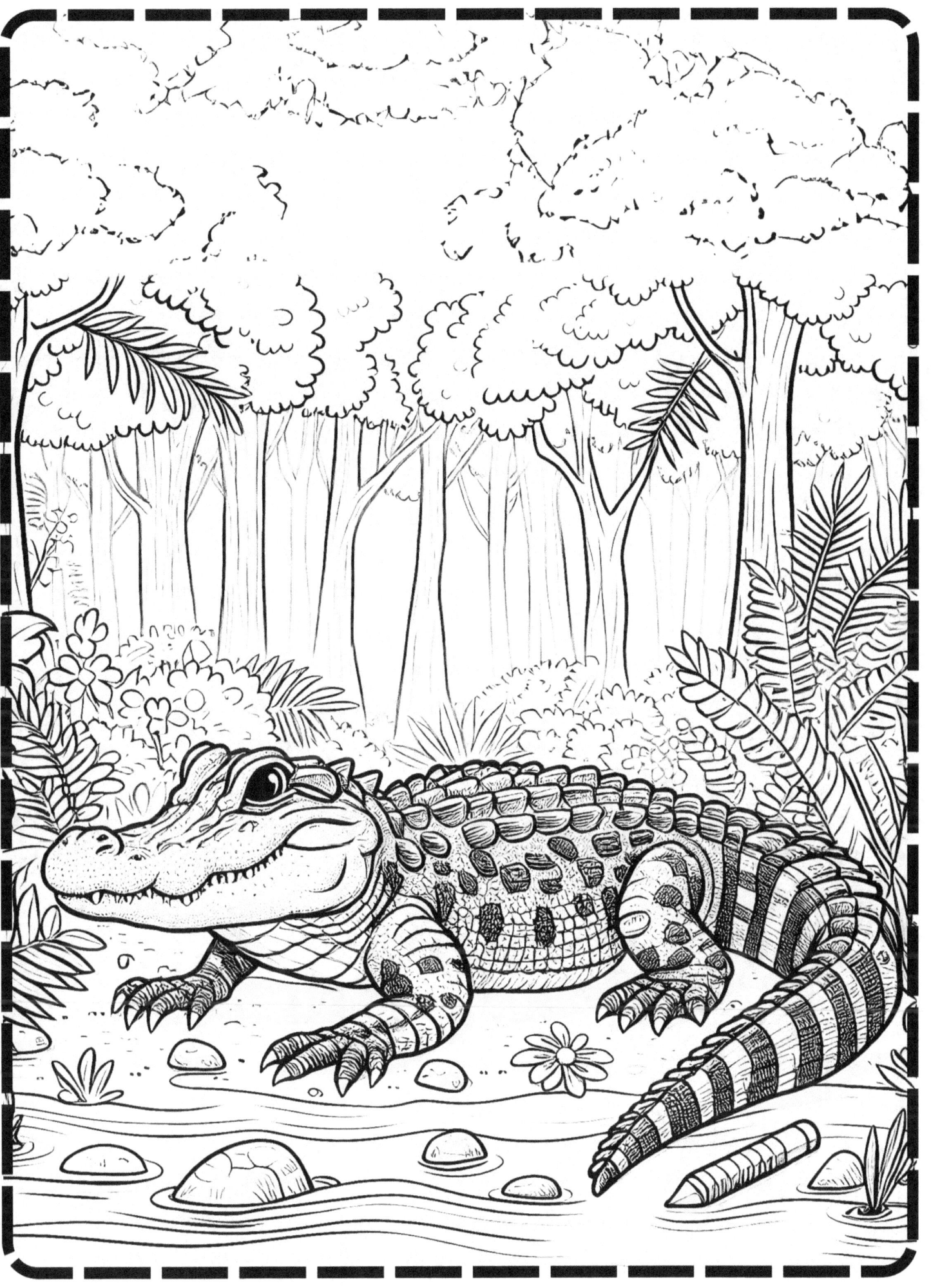

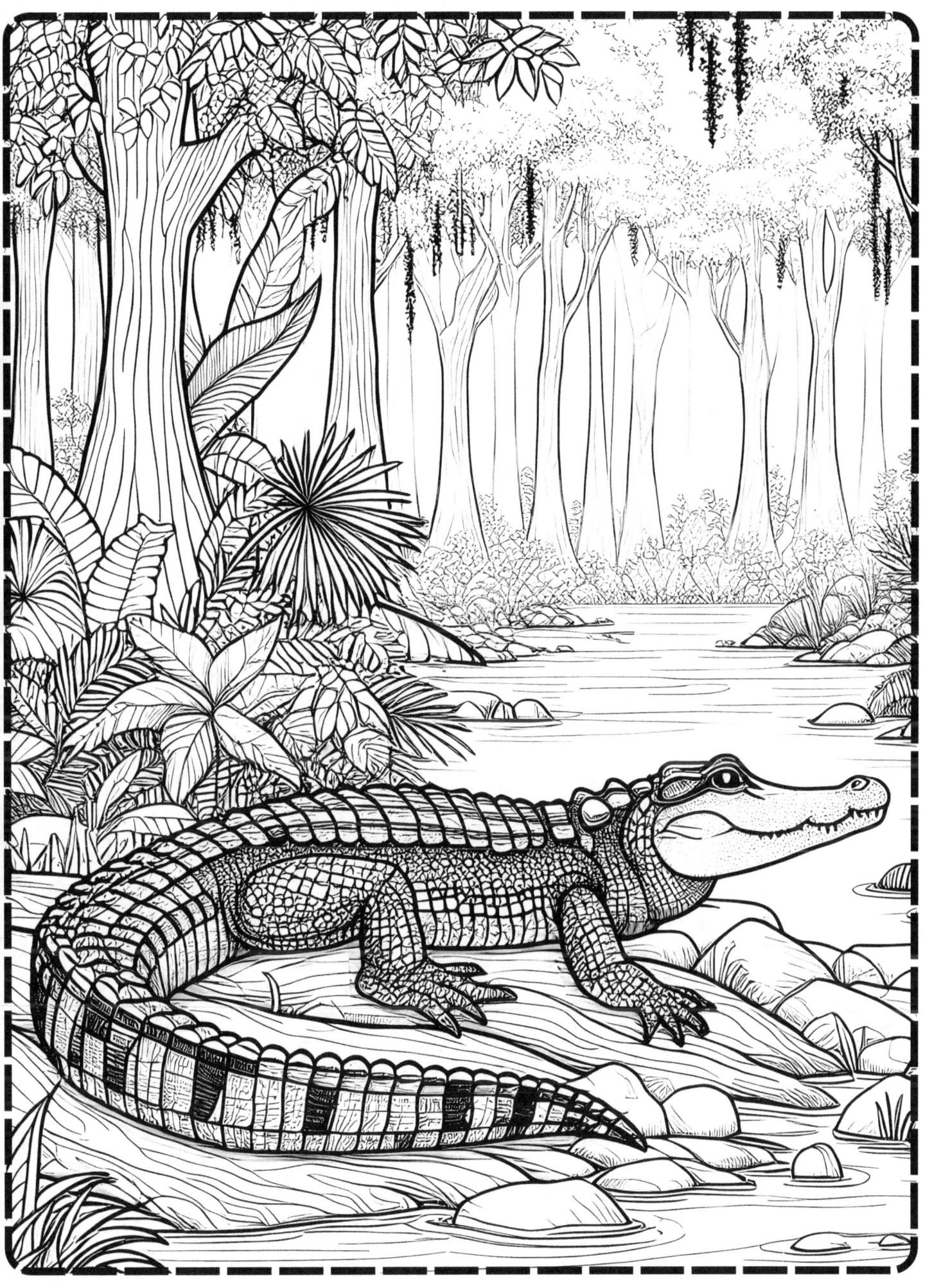

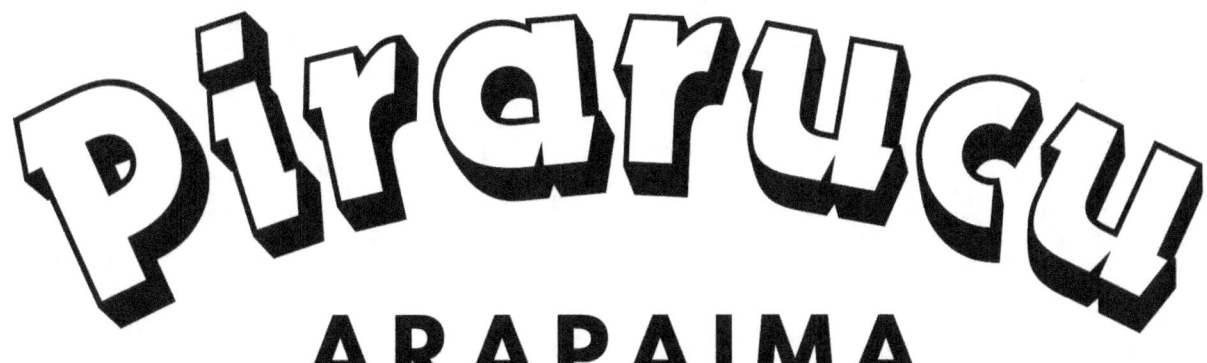

ARAPAIMA GIGAS

Um dos maiores peixes de água doce do mundo, encontrado nos rios amazônicos, caracterizado por sua coloração verde-escuro e escamas rígidas.

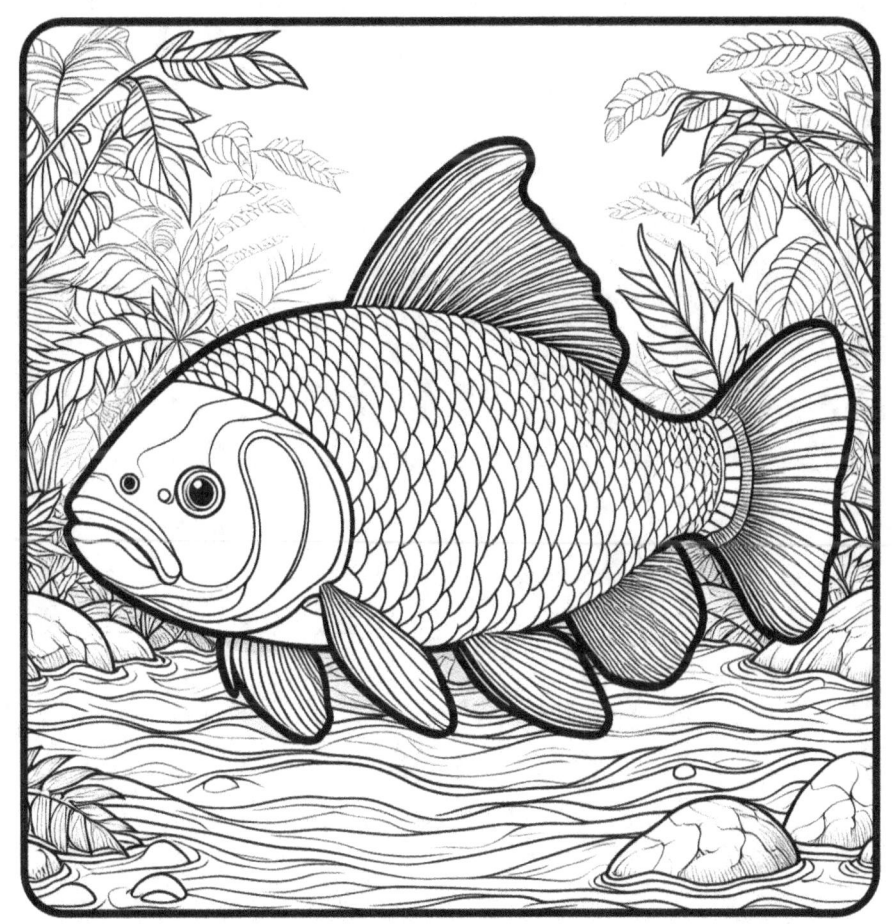

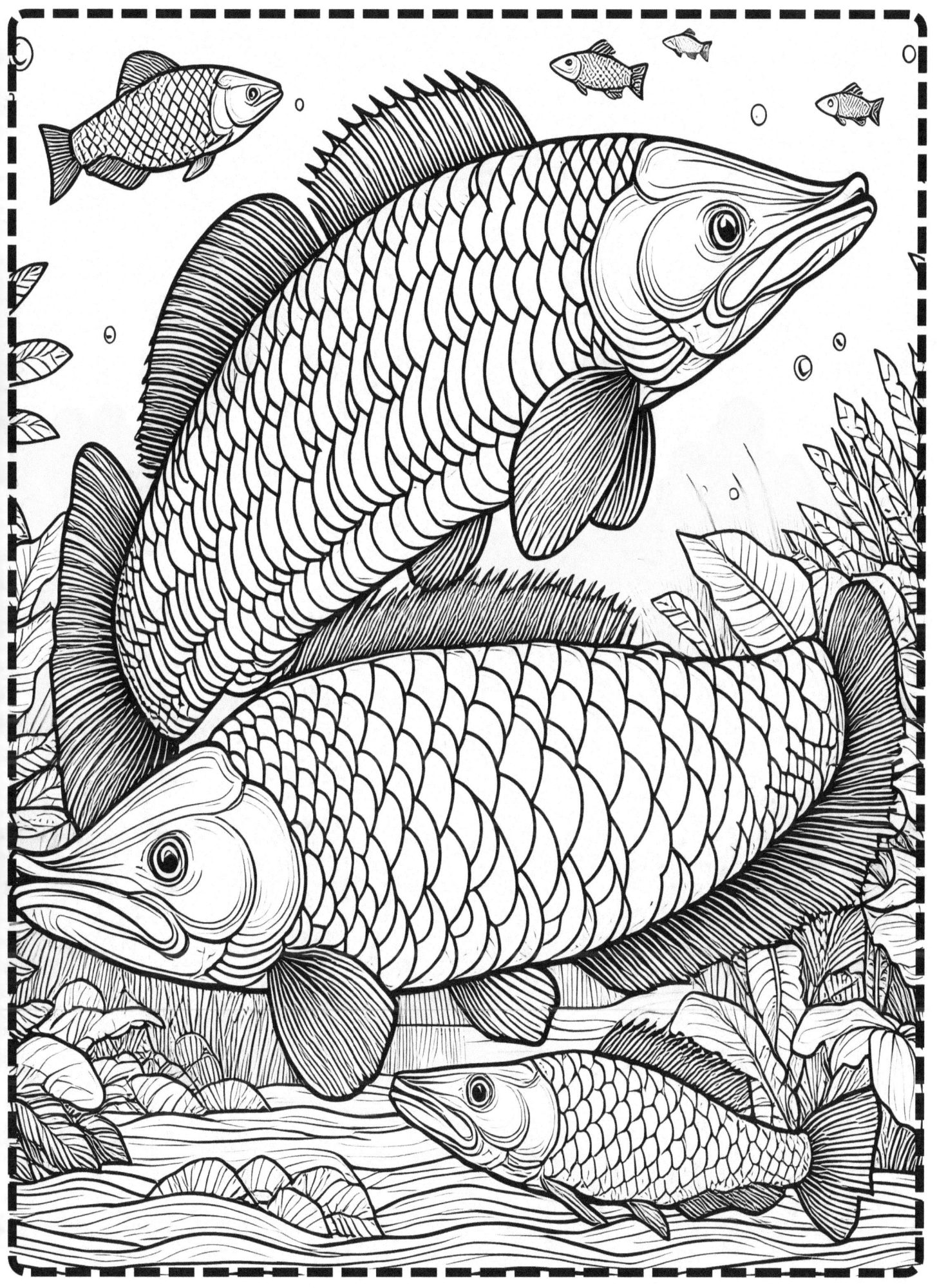

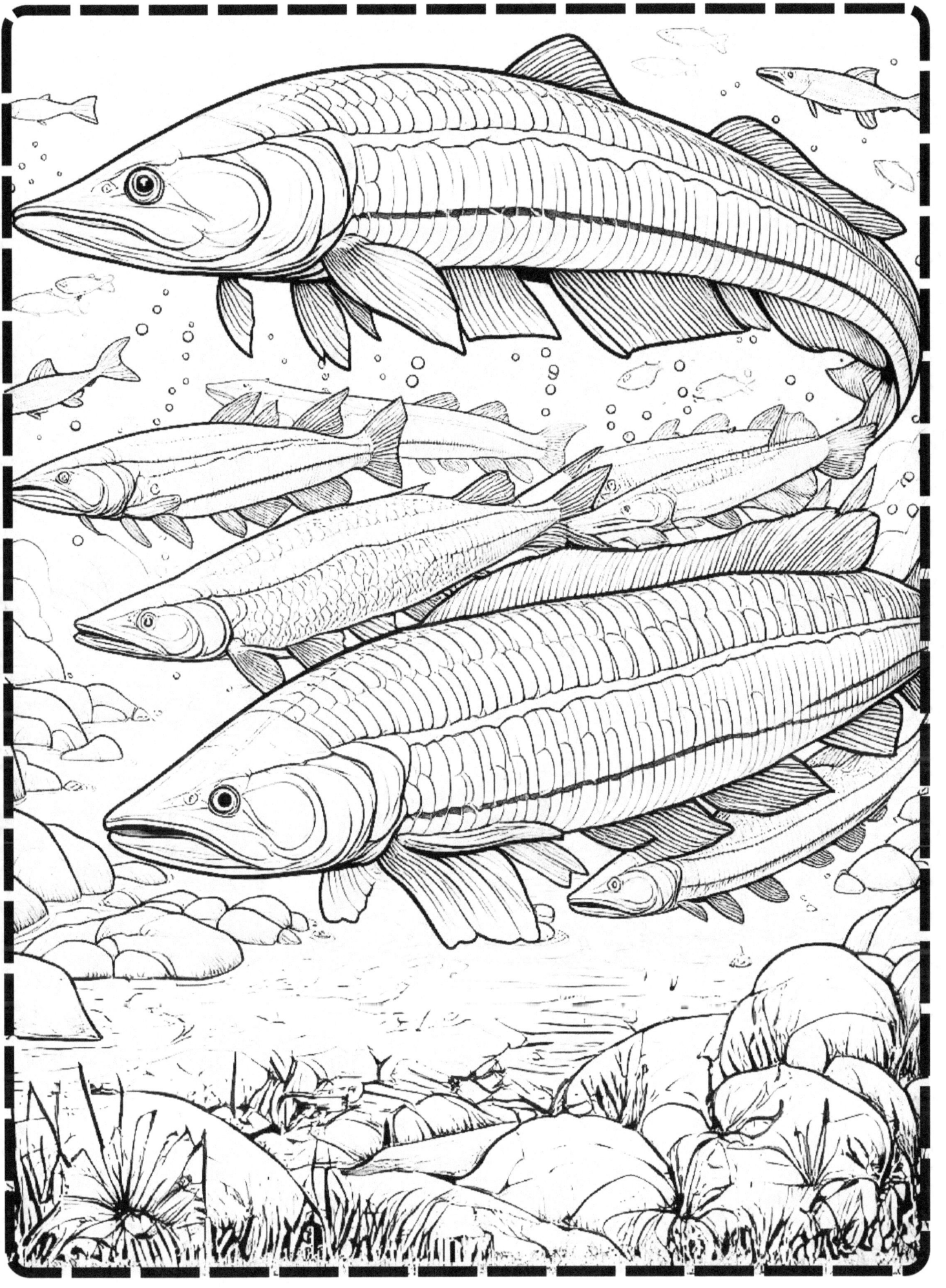

Preguiça

BRADYPUS SPP.

Mamífero arborícola conhecido por seu comportamento lento e pelagem densa, encontrado pendurado em árvores da floresta tropical.

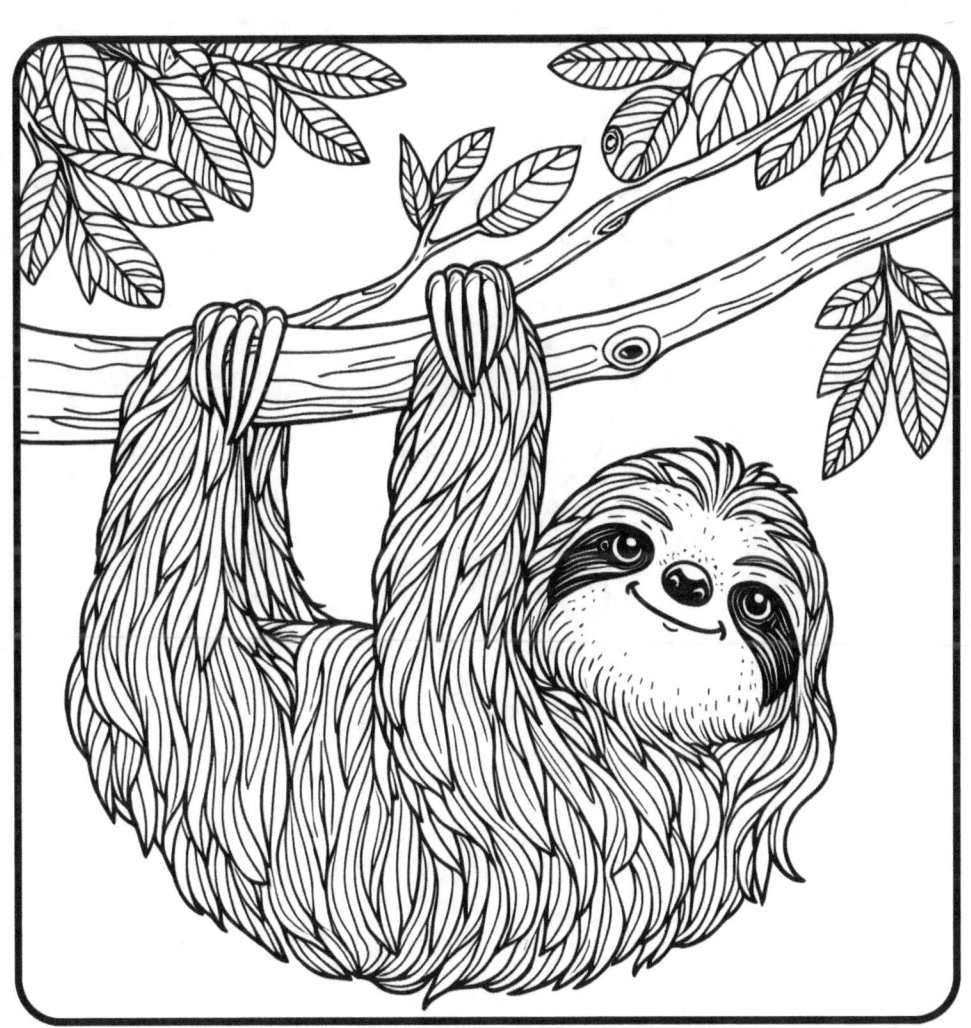

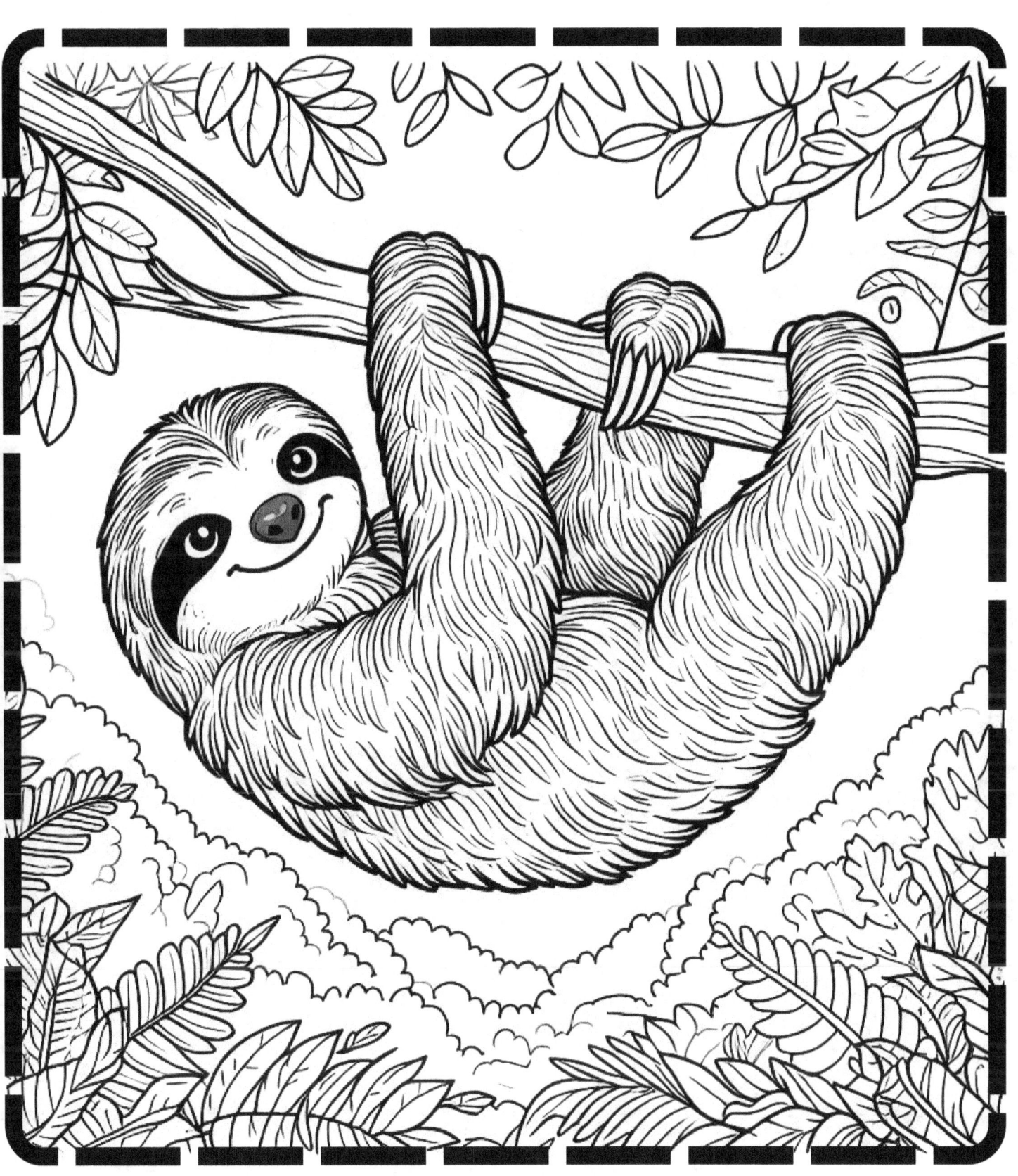

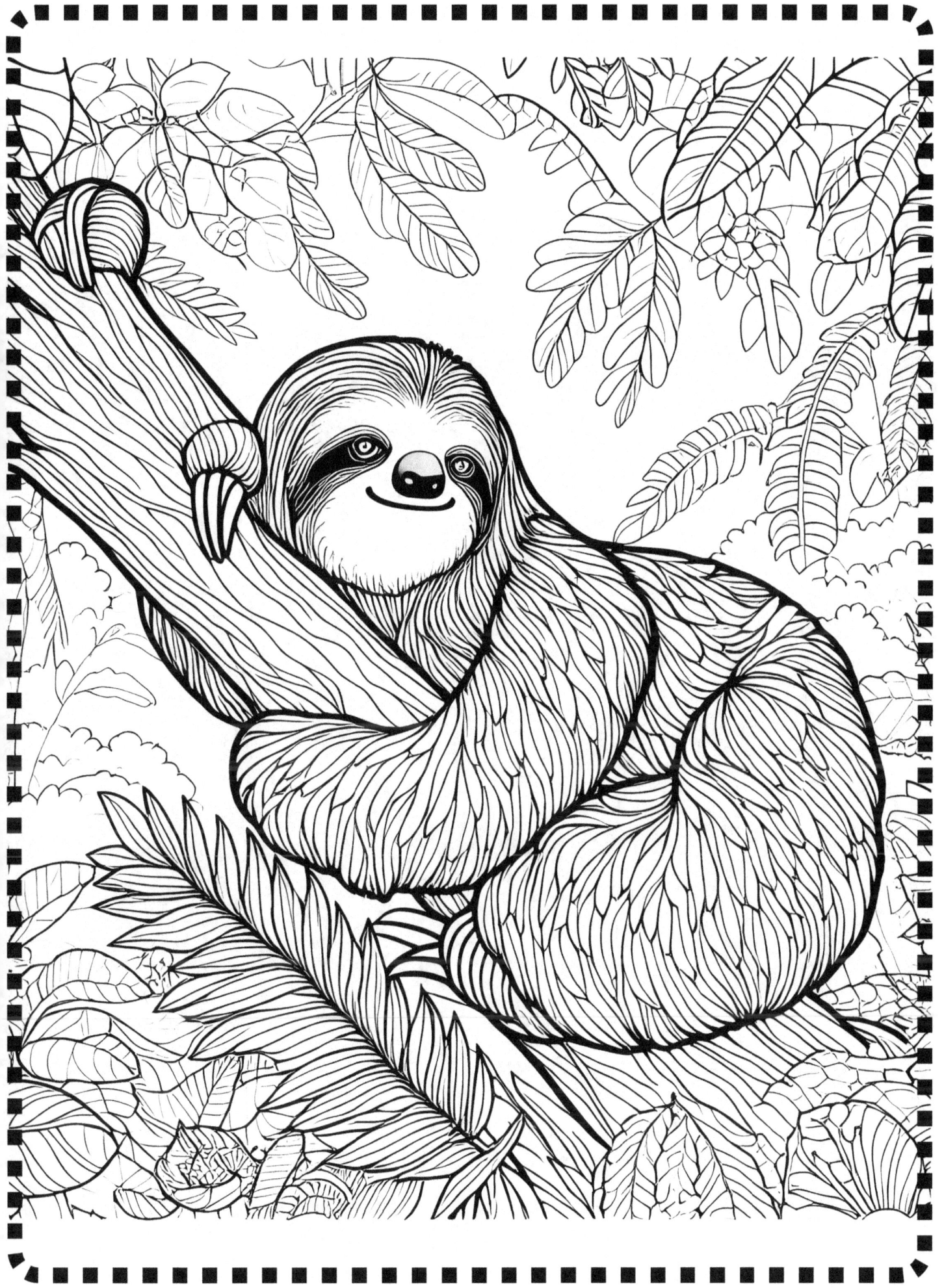

Peixe-boi-amazônico

TRICHECHUS INUNGUIS

Um mamífero aquático herbívoro, reconhecido por seu corpo robusto e achatado, encontrado em rios e lagos da Amazônia.

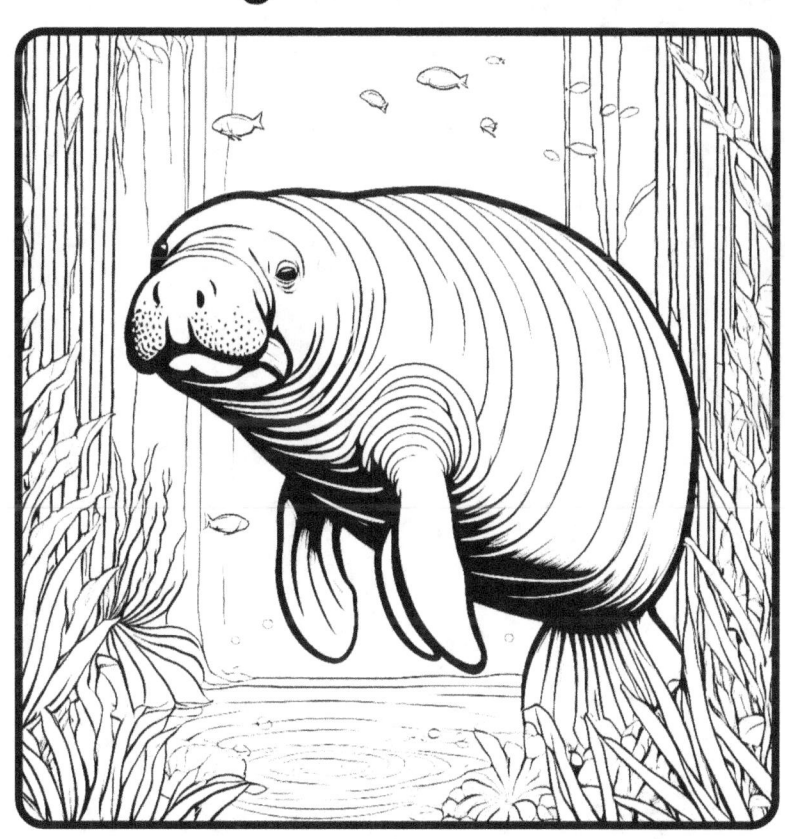

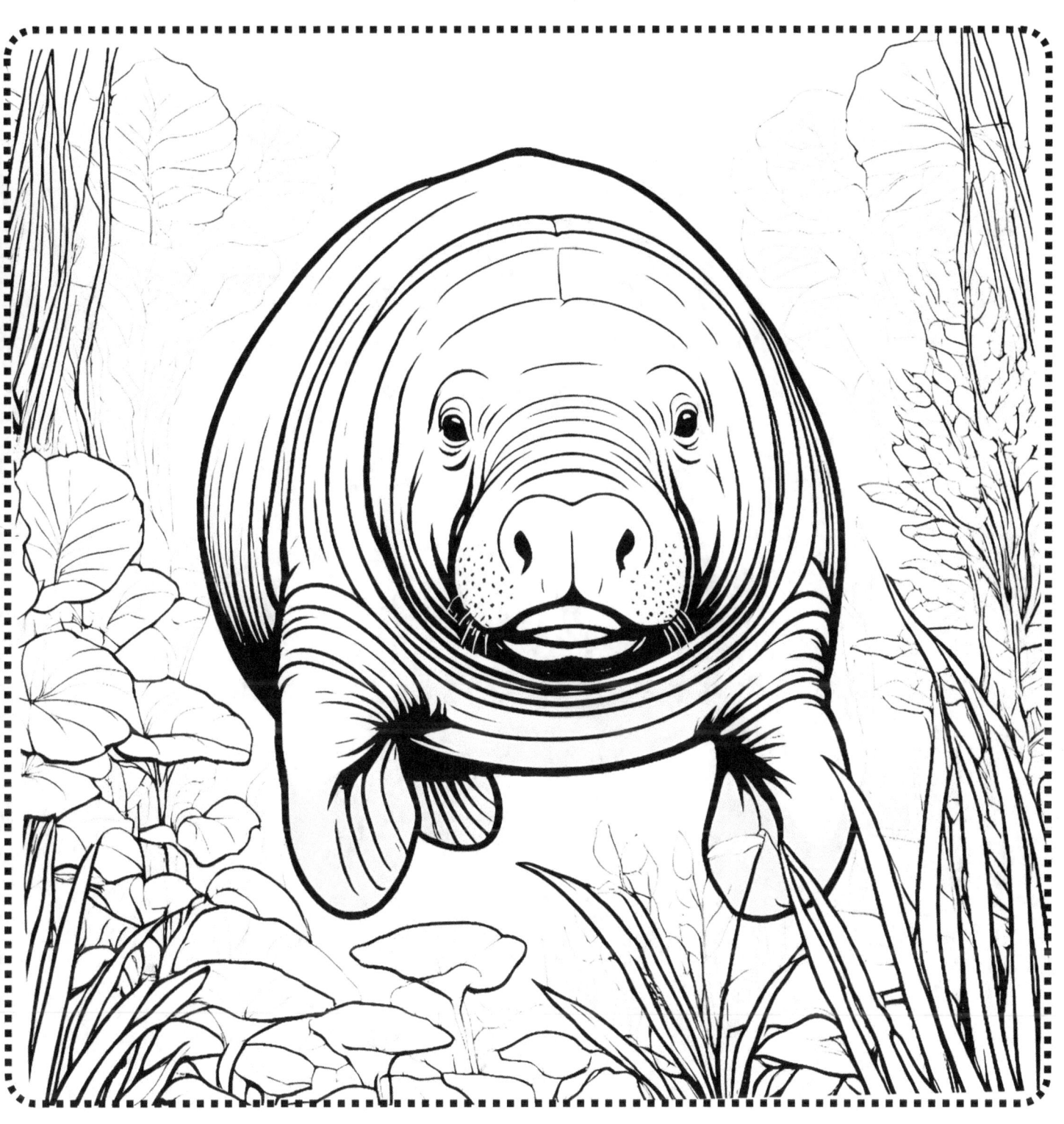

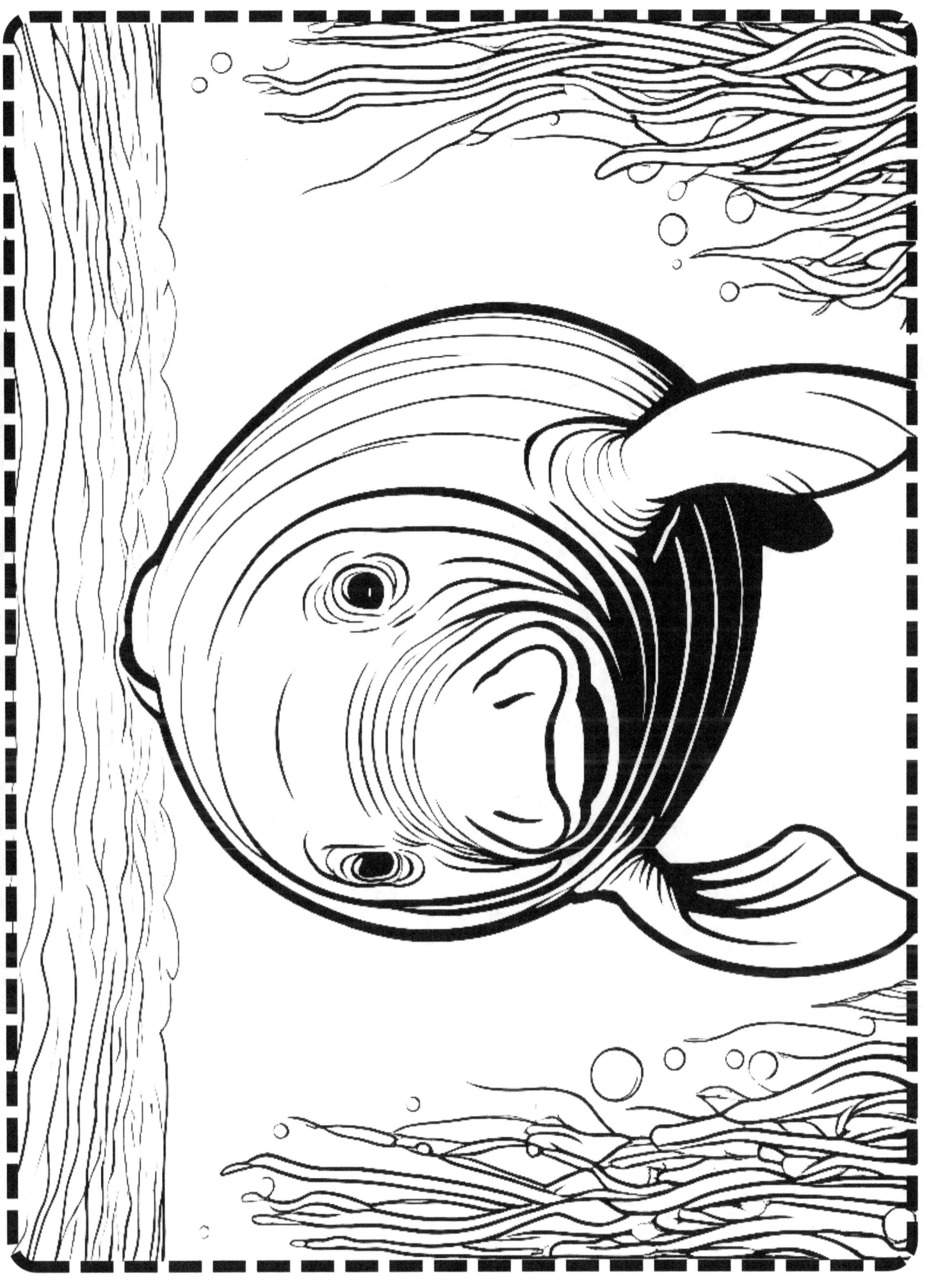

Arara-vermelha

ARA CHLOROPTERUS

Uma das espécies de arara mais reconhecíveis, com plumagem vermelha vibrante e asas azuis, habitante das florestas tropicais do Pará.

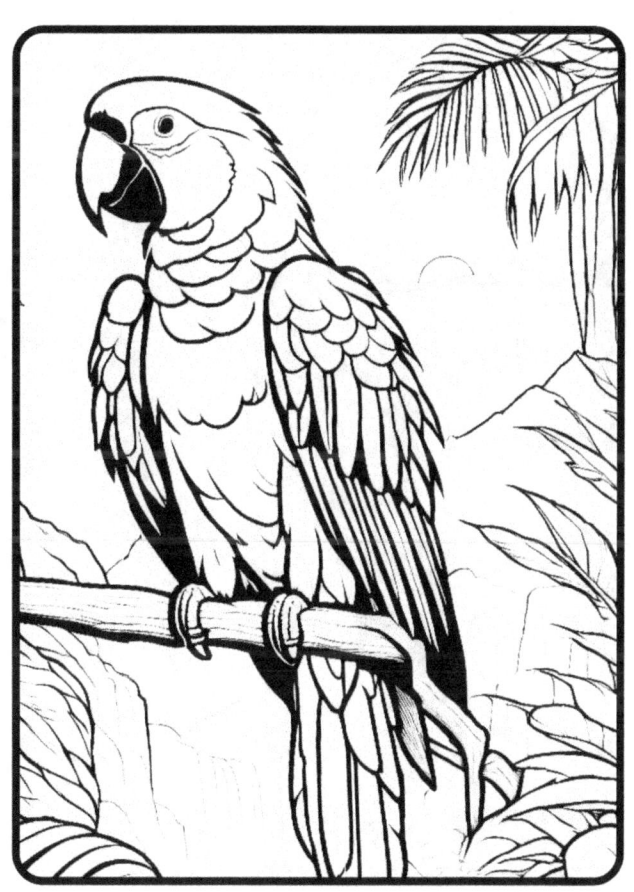

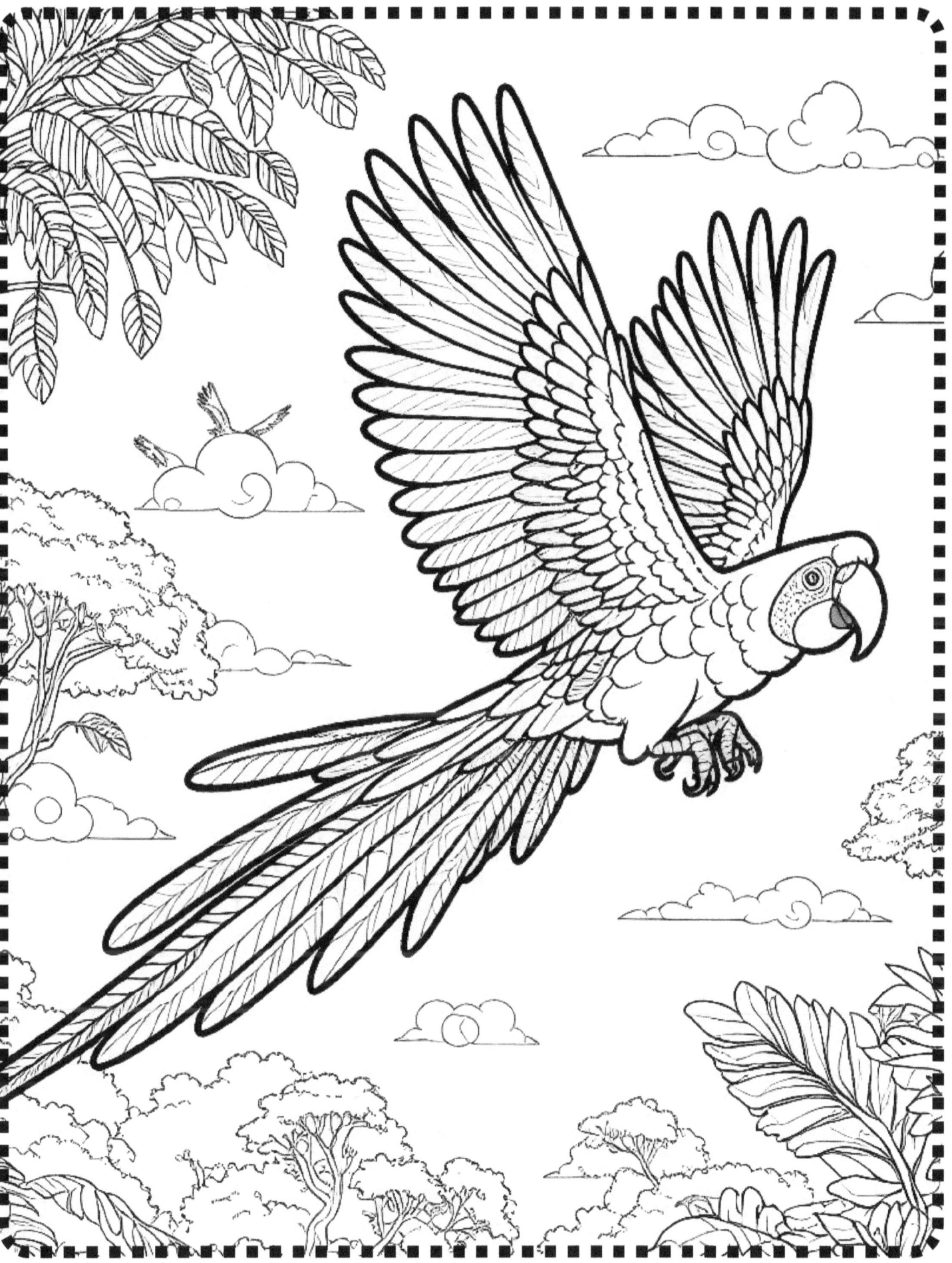

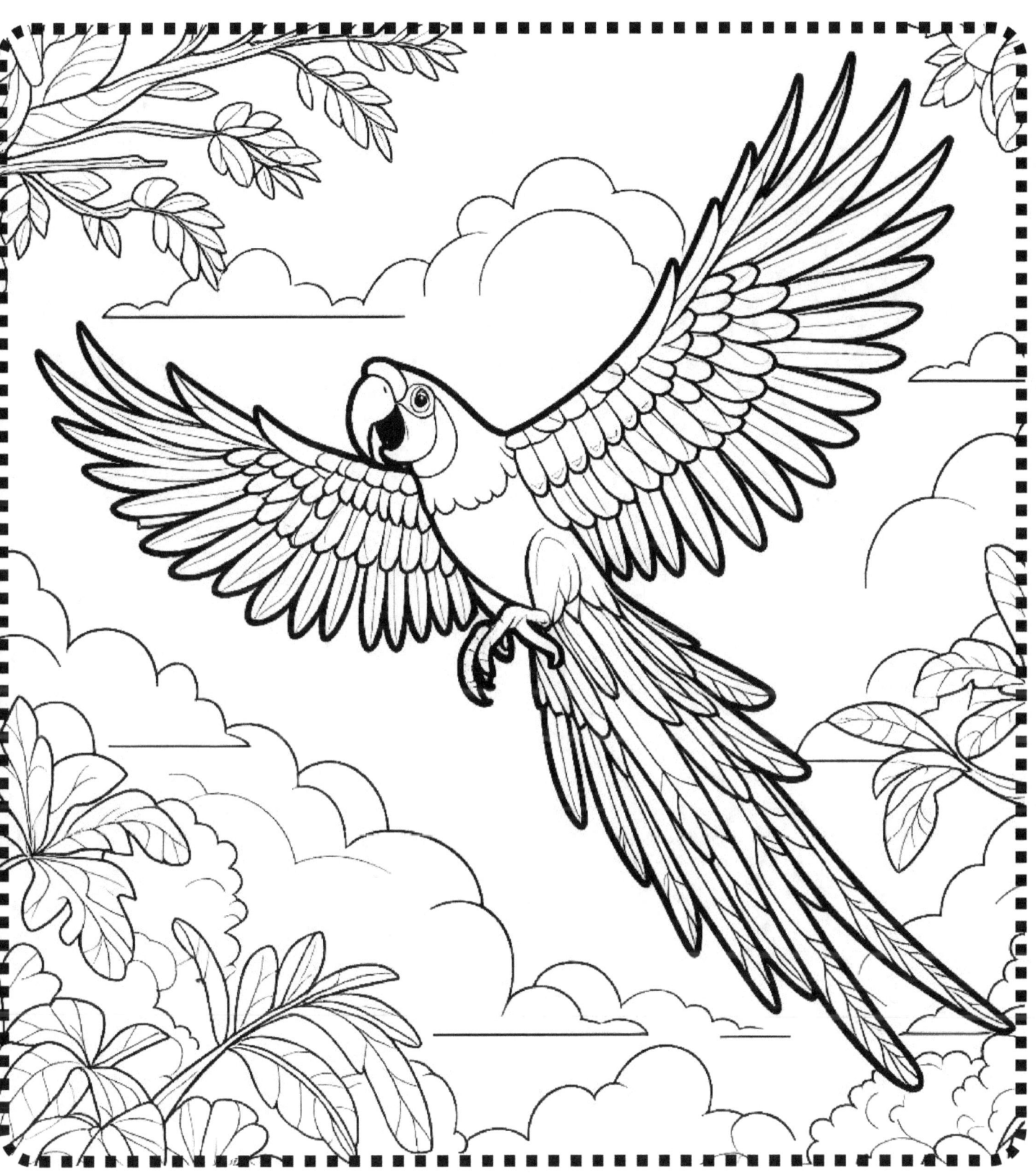

Anta

TAPIRUS TERRESTRIS

O maior mamífero terrestre da América do Sul, comum em áreas de floresta tropical, reconhecido por seu corpo robusto e tromba flexível.

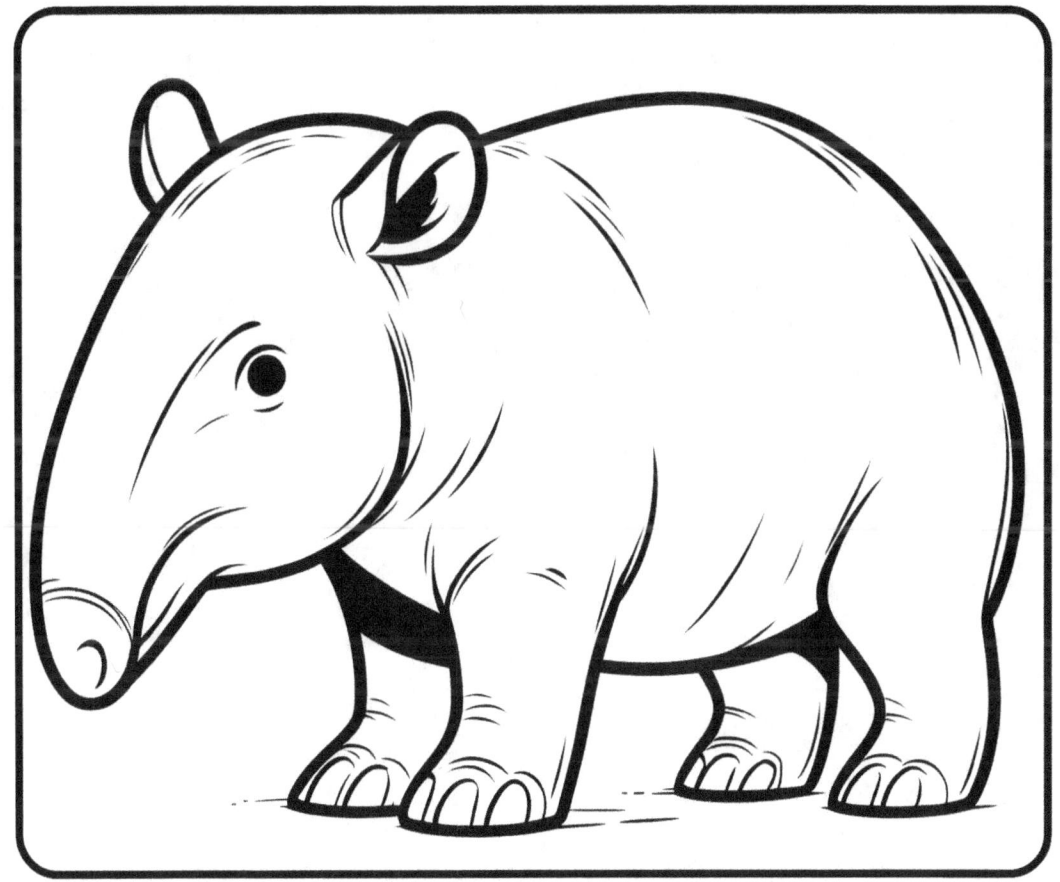

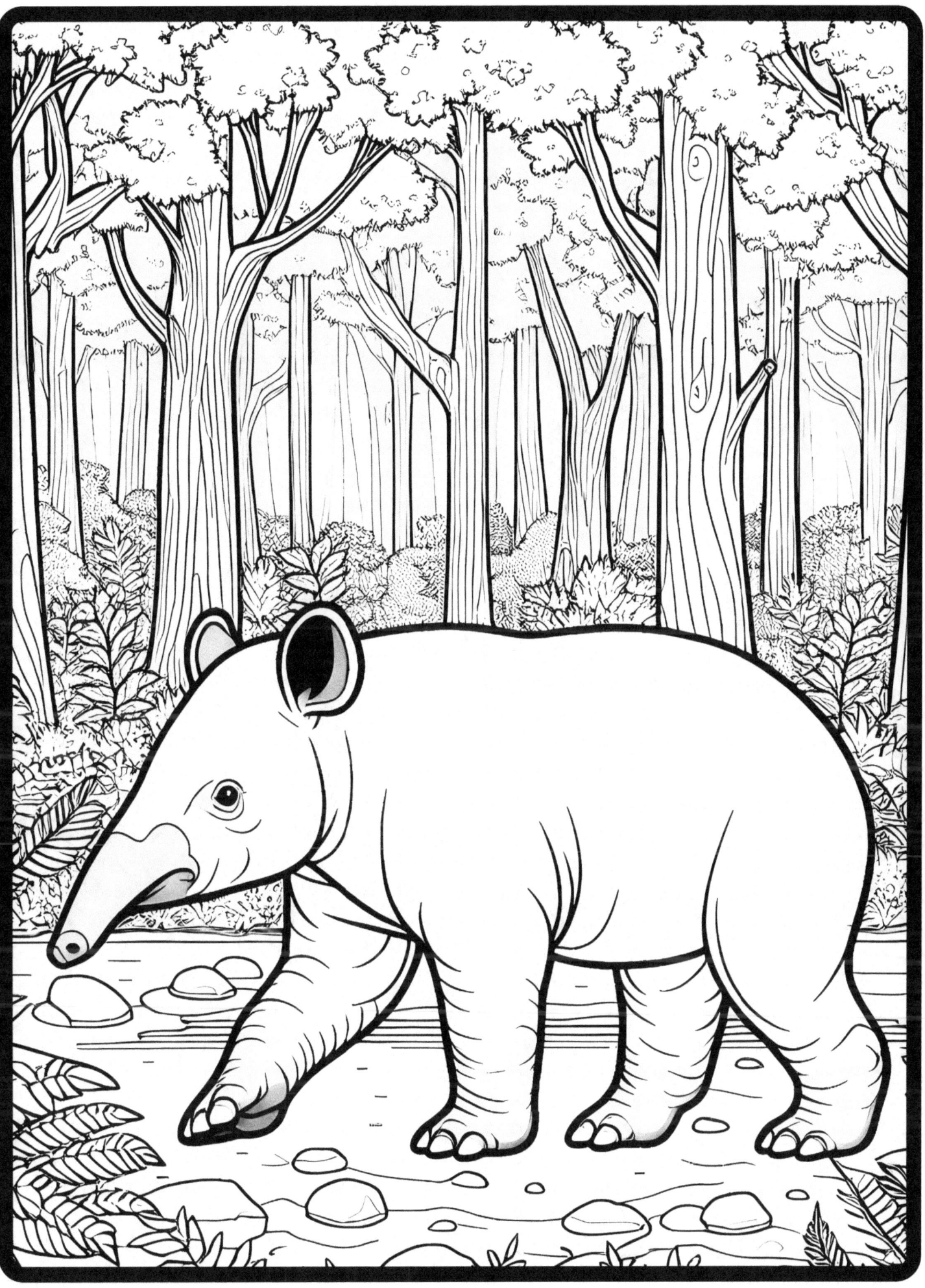

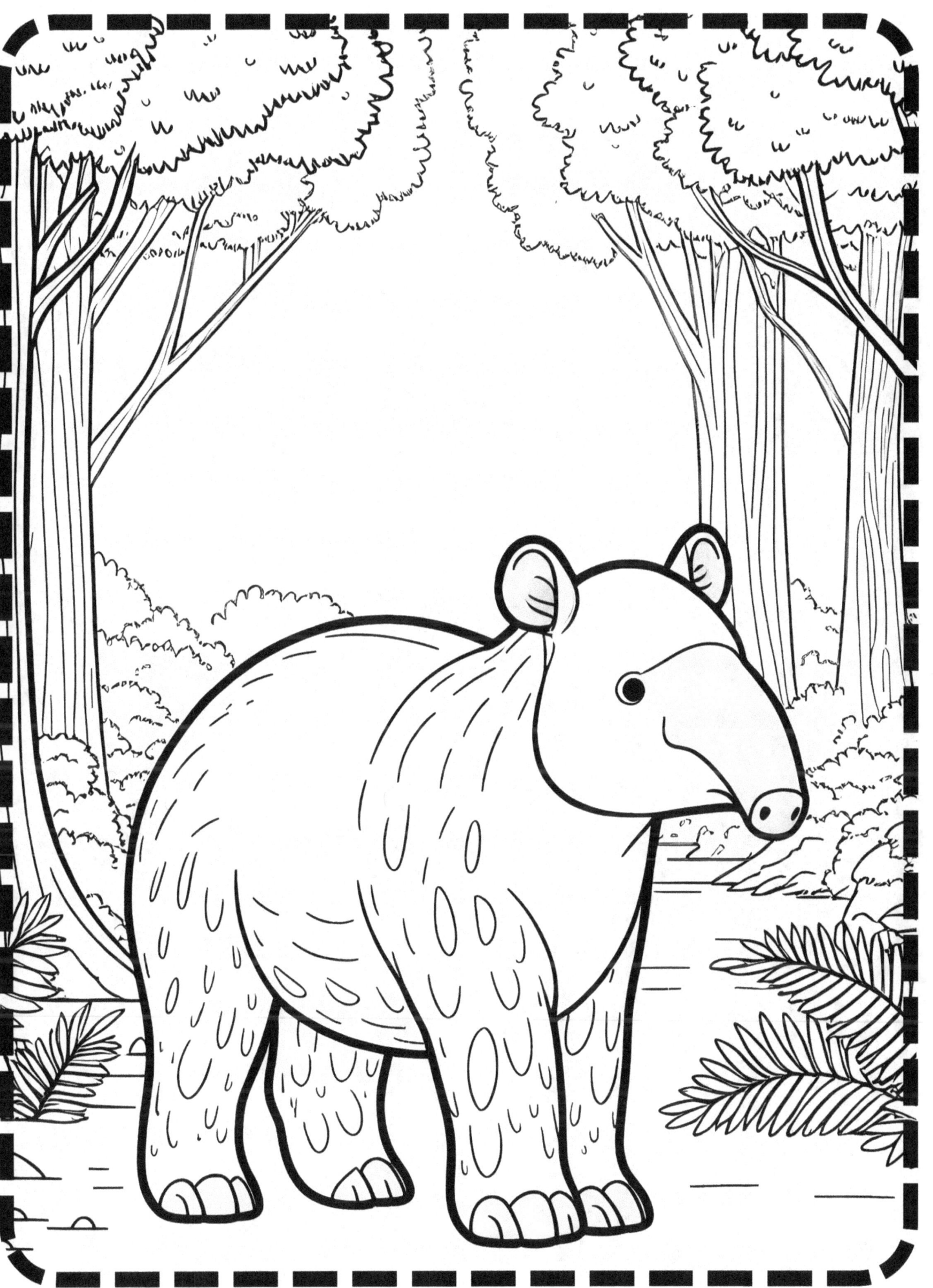

Guariba

ALOUATTA SPP.

Um macaco grande e barulhento, conhecido por seu uivo característico e pelagem marrom ou ruiva, encontrado em grupos nas copas das árvores.

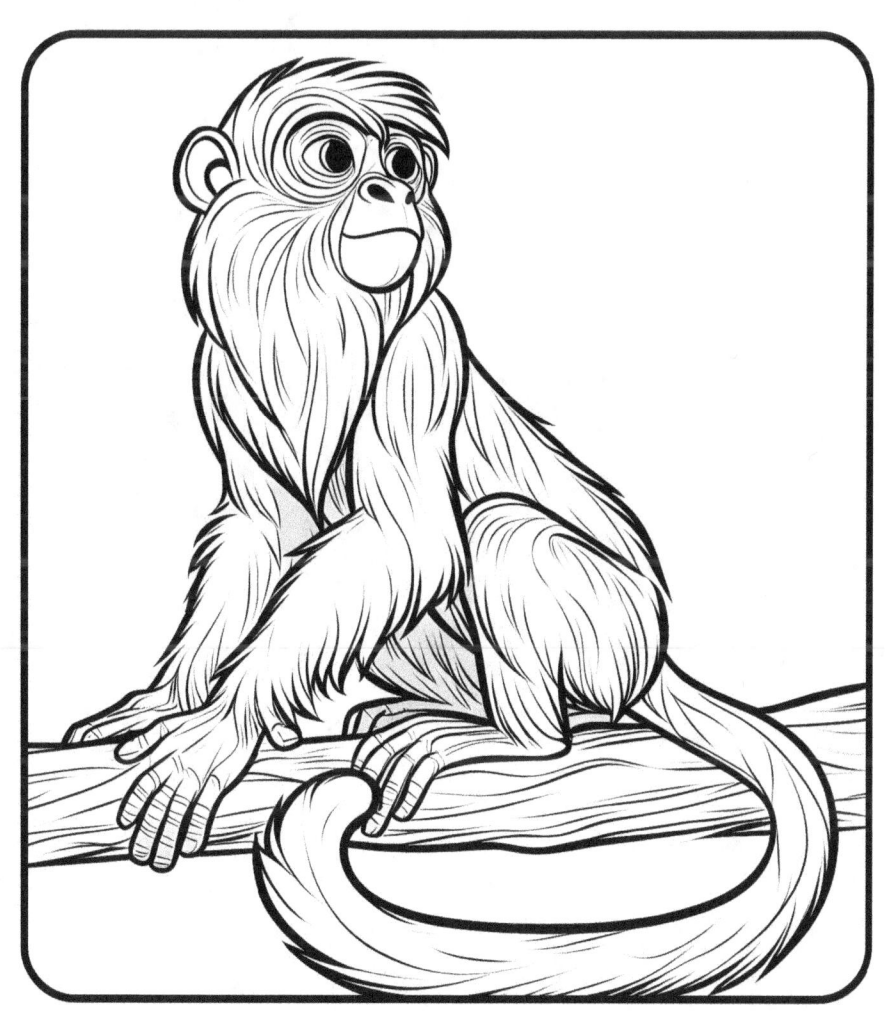

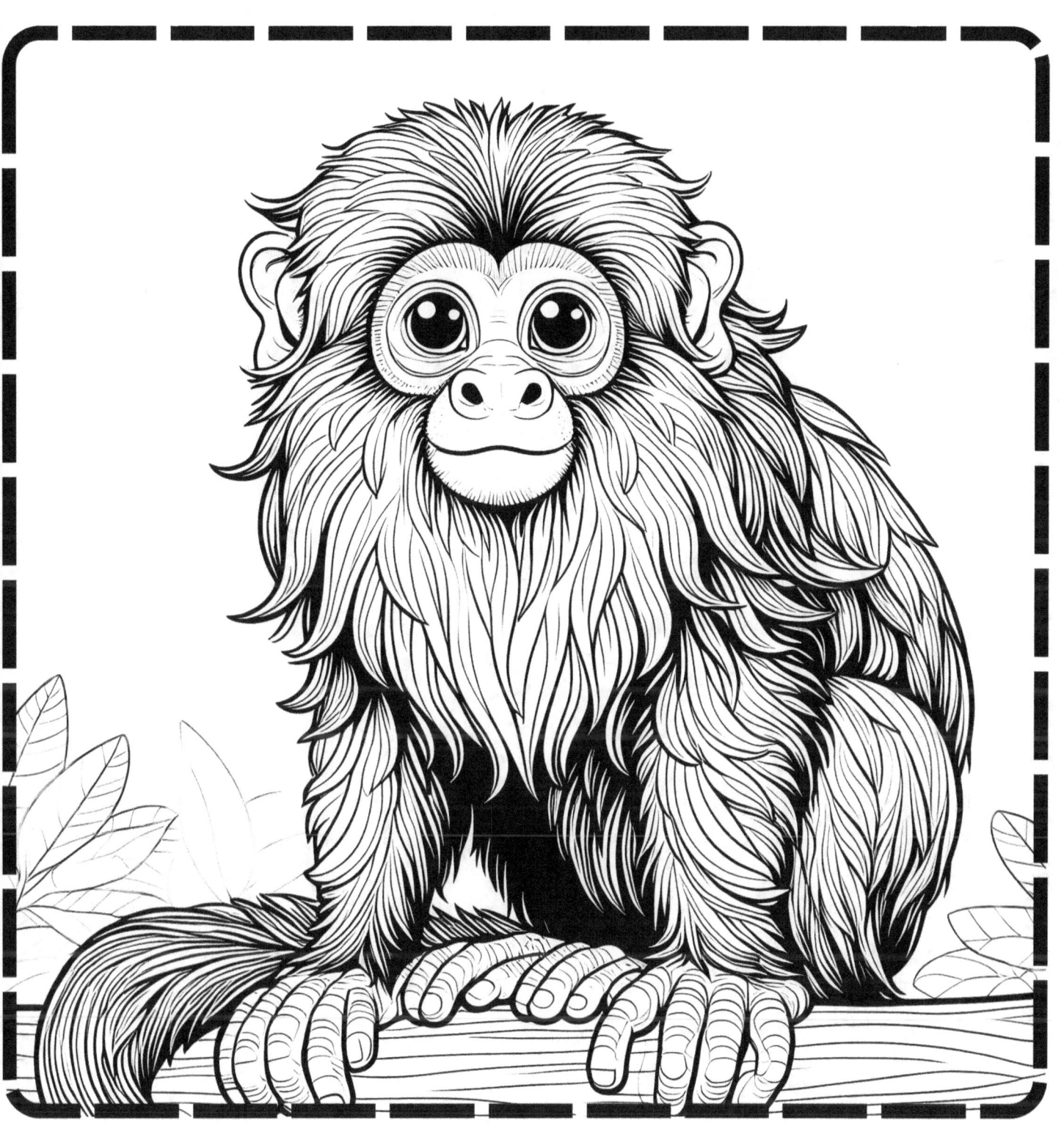

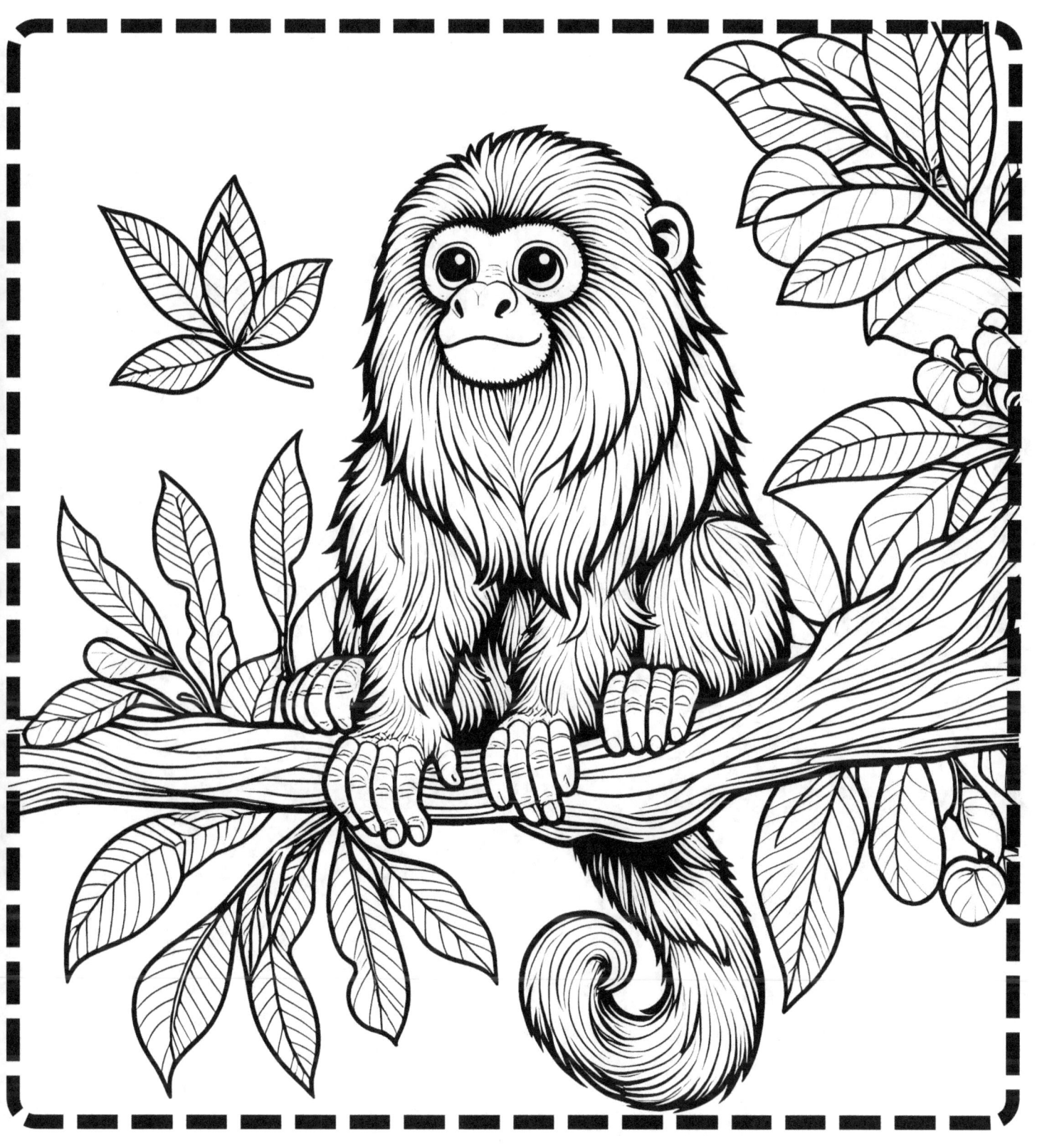

Piranha

PYGOCENTRUS SPP.

Peixes carnívoros de água doce, conhecidos por suas mandíbulas fortes e dentes afiados, encontrados em rios e lagos da região amazônica.

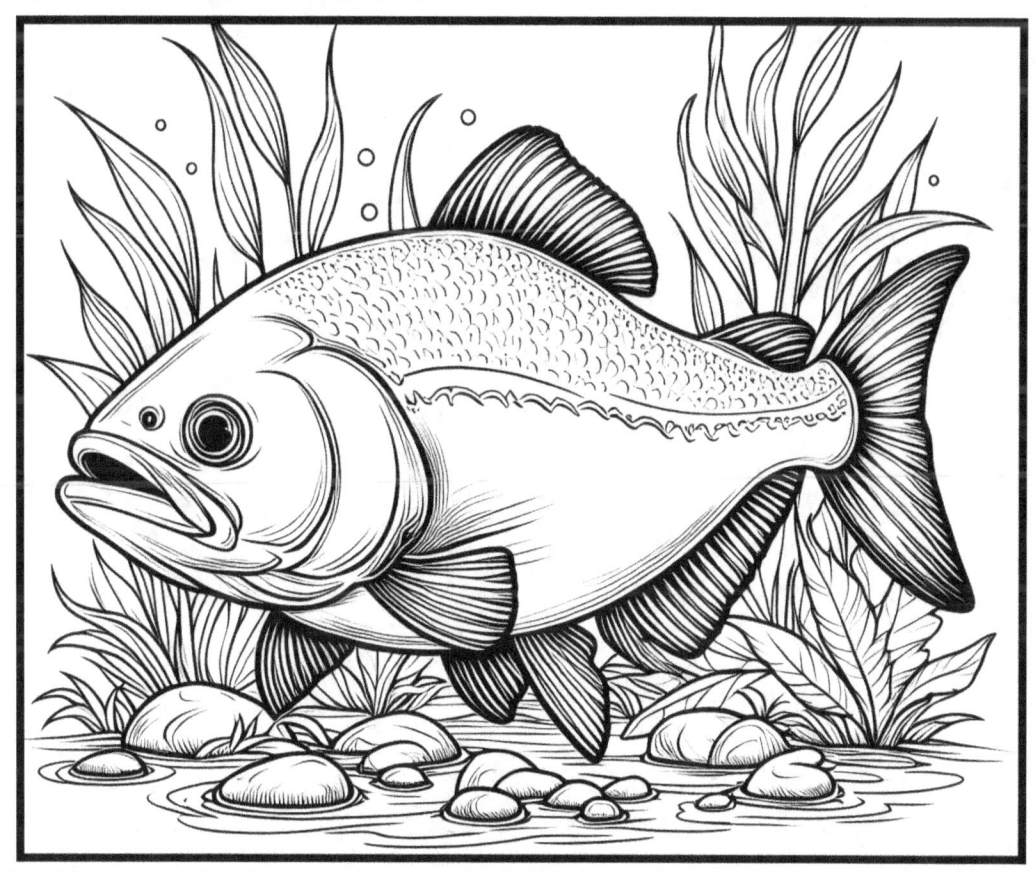

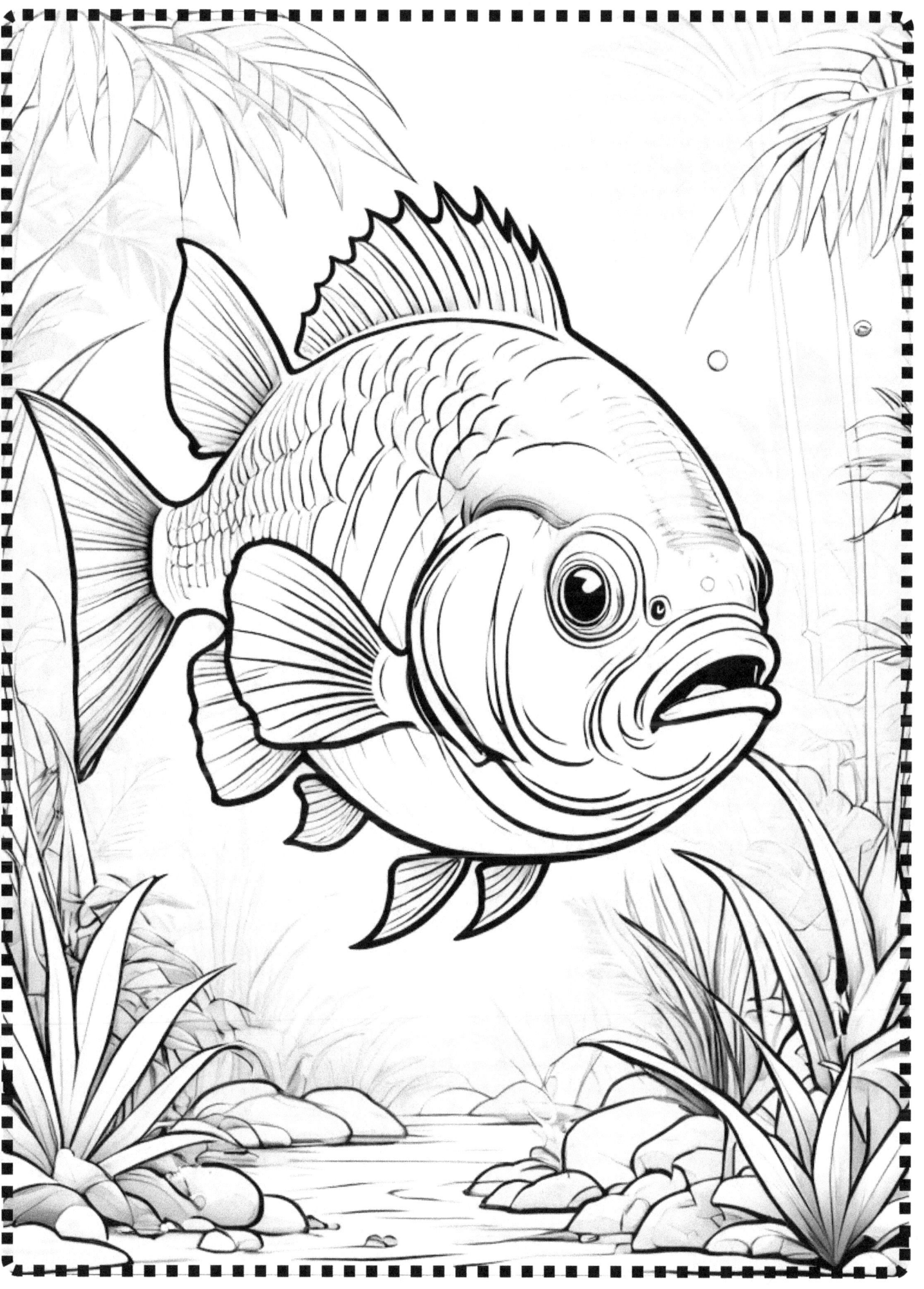

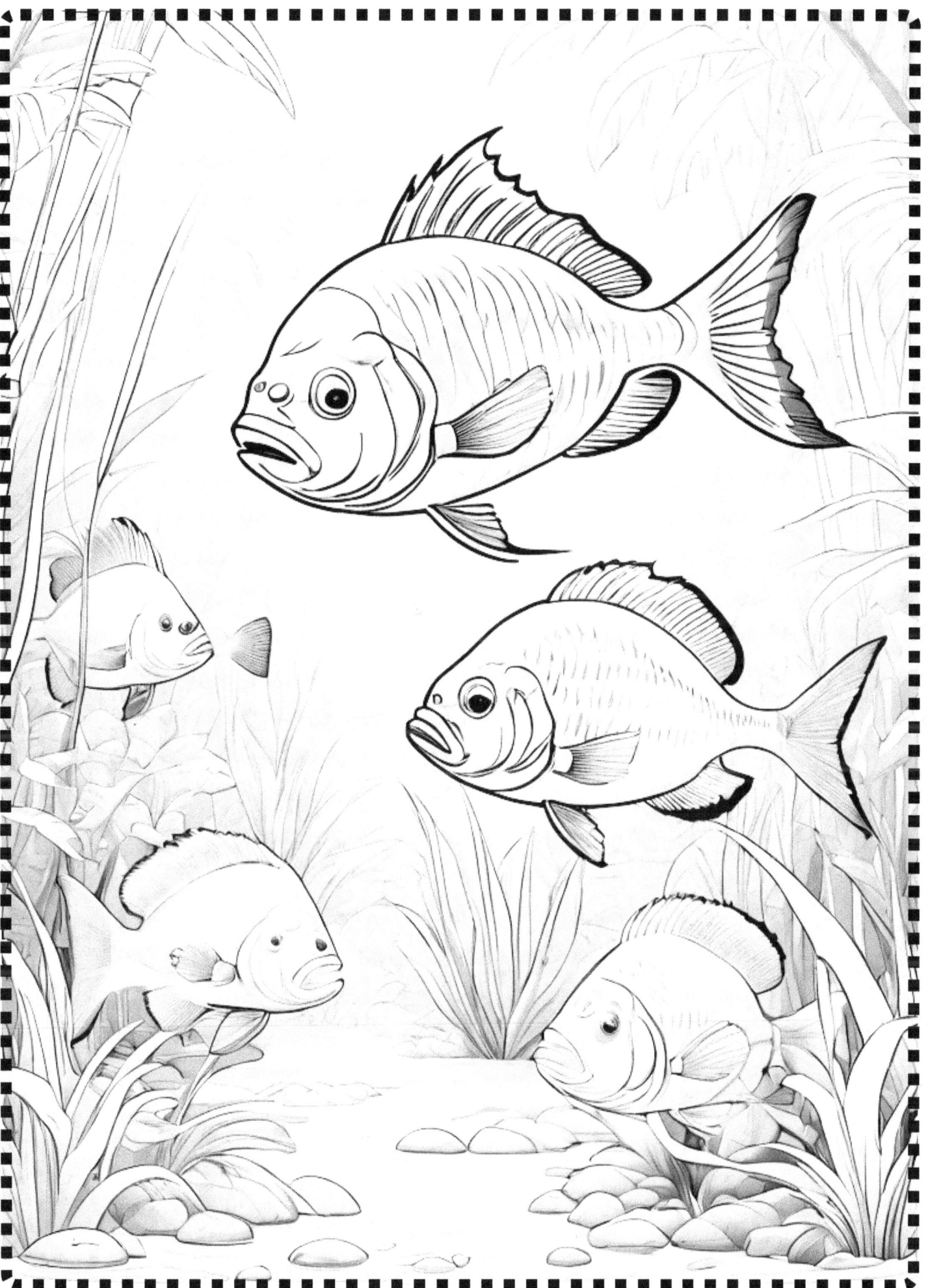

Bacurau

NYCTIDROMUS ALBICOLLIS

Uma espécie de ave noturna, reconhecida por seu voo acrobático e chamados distintivos durante a noite.

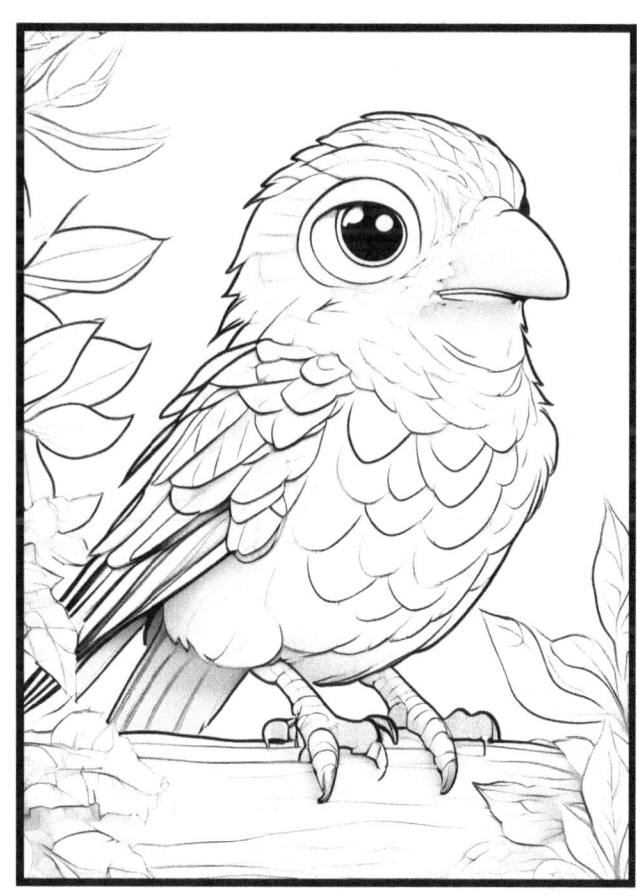

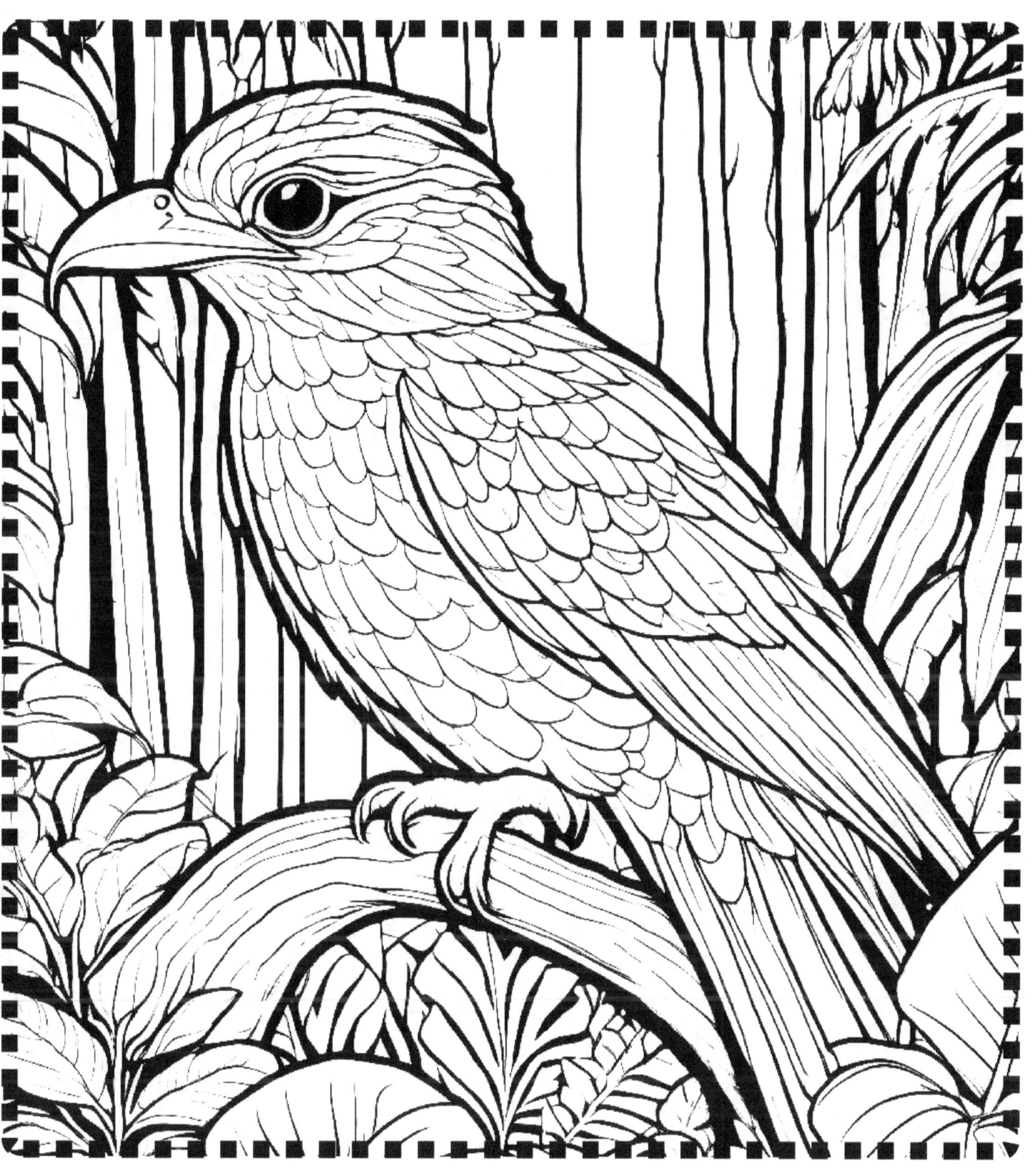

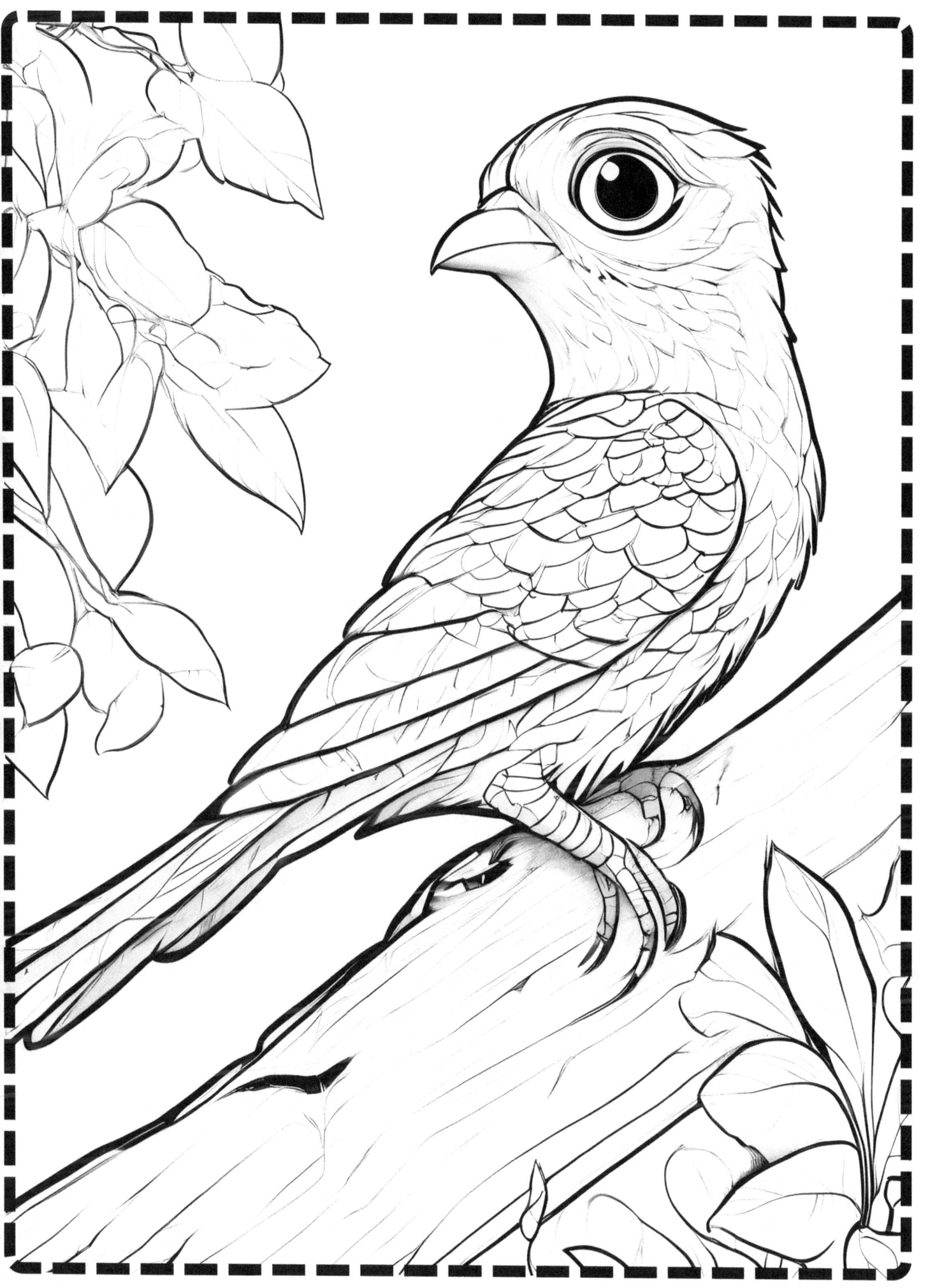

Jacaré-tinga

PALEOSUCHUS PALPEBROSUS

Uma espécie de jacaré de menor porte, encontrado em rios e pântanos da Amazônia, caracterizado por sua aparência robusta e hábitos noturnos

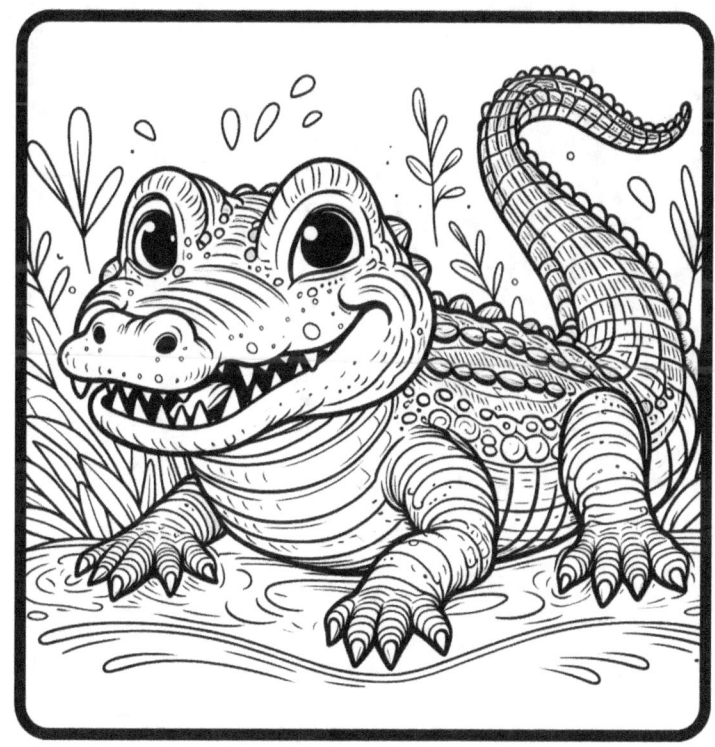

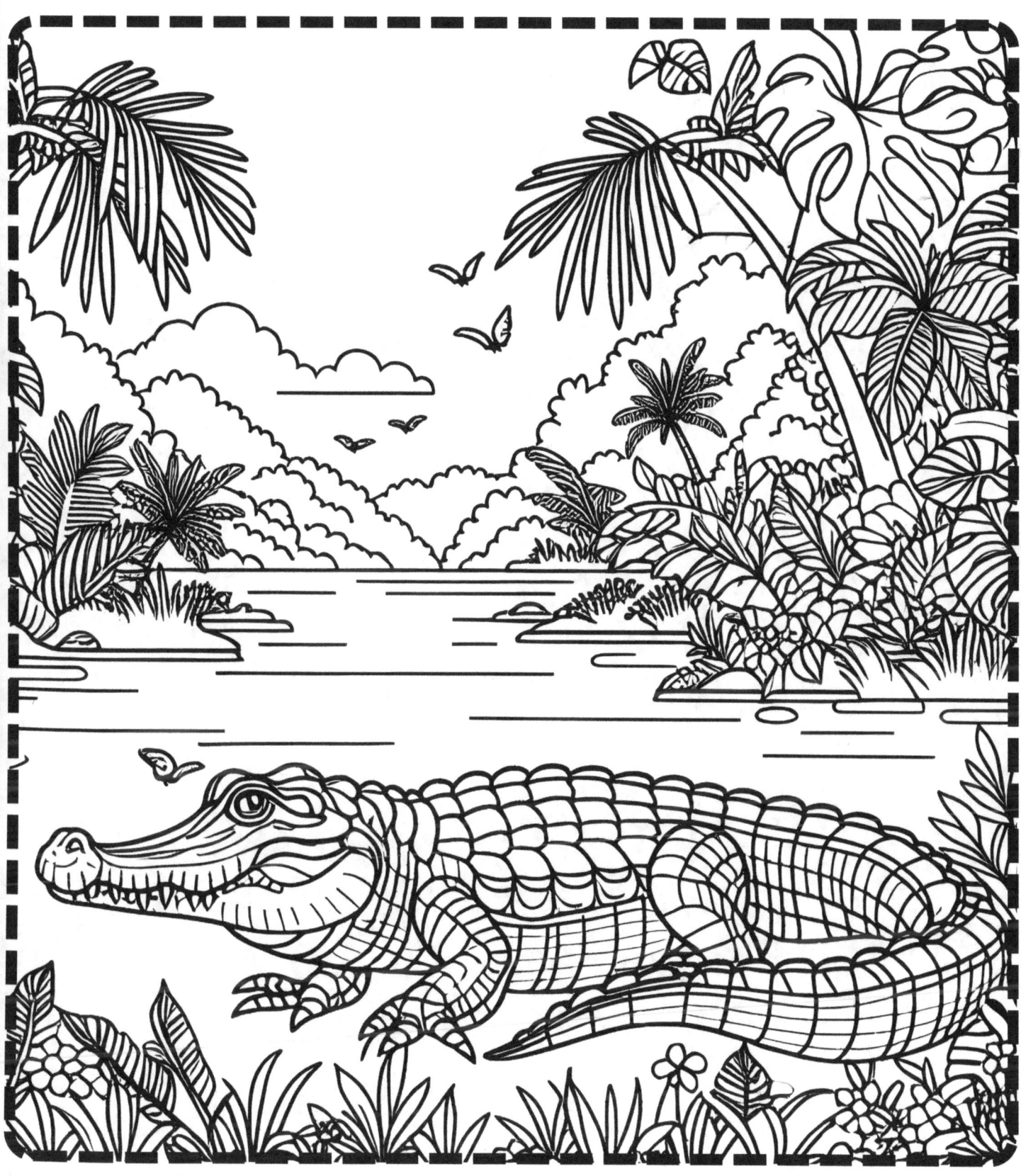

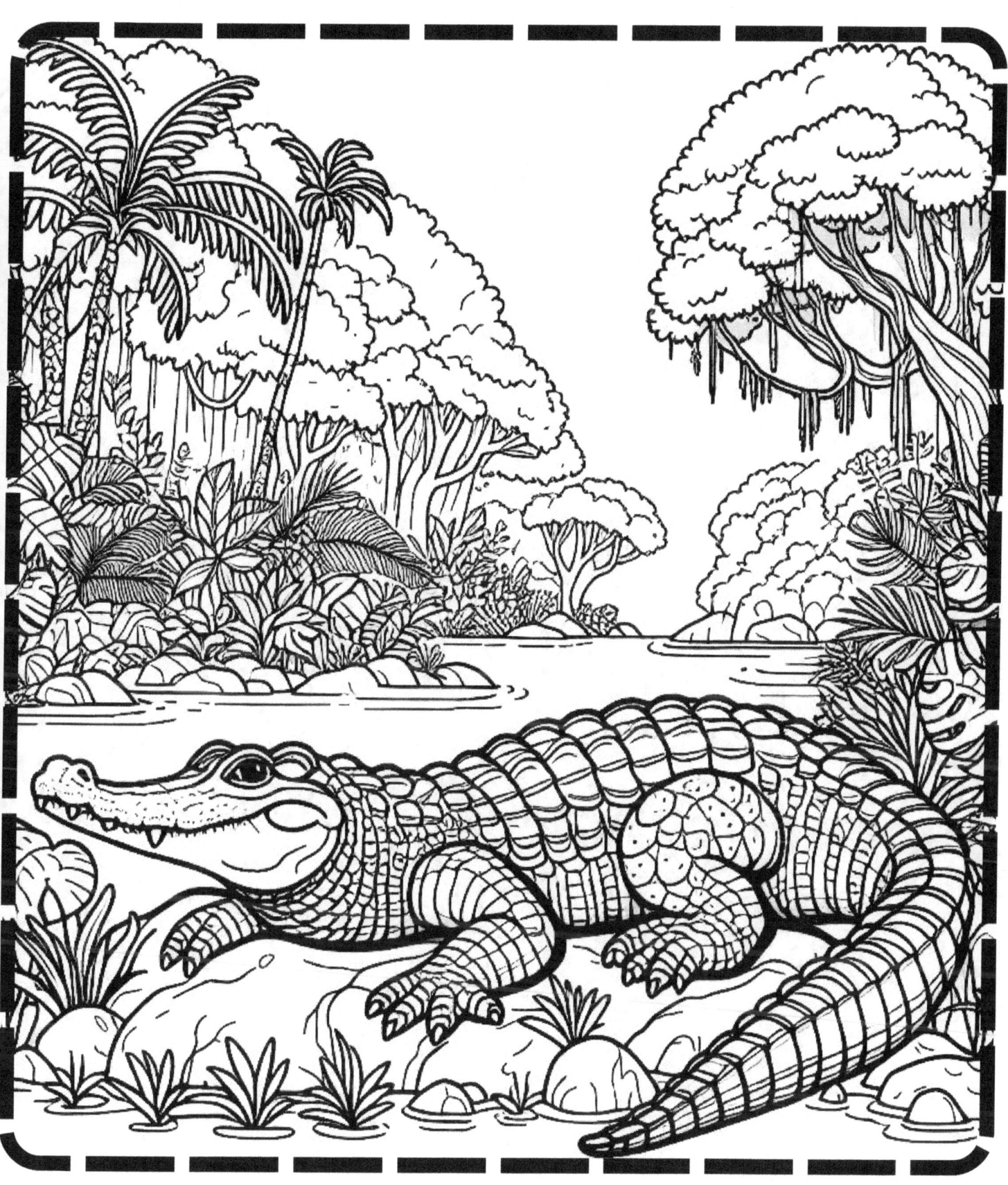

www.ingramcontent.com/pod-product-compliance
Lightning Source LLC
Chambersburg PA
CBHW082214220526
45470CB00010B/3162